DROEMER

Juna Grossmann

SCHONZEIT VORBEI

Über das Leben mit dem täglichen Antisemitismus

Besuchen Sie uns im Internet:
www.droemer.de

FSC
www.fsc.org
MIX
Papier aus ver-
antwortungsvollen
Quellen
FSC® C083411

© 2018 Droemer Verlag
Ein Imprint der Verlagsgruppe
Droemer Knaur GmbH & Co. KG, München

Lektorat: Nadine Lipp
Covergestaltung: Isabella Materne
Coverabbildung: Shutterstock / arigato
Satz: Adobe InDesign im Verlag
Druck und Bindung: CPI books GmbH, Leck
ISBN 978-3-426-27775-1

2 4 5 3 1

Inhalt

Dies ist ein Buch über Antisemitismus, den es in den Augen vieler entweder nicht mehr gibt oder der erst jetzt durch die Geflüchteten in unsere Gesellschaft getragen worden sein soll. Ich berichte vom alltäglichen Geschehen, davon, was man erlebt, gibt man sich heutzutage in Deutschland als jüdisch zu erkennen. Die Namen wurden verändert. Die Geschichten habe ich selbst erlebt, oder sie wurden mir anvertraut. Sie stammen aus den letzten 17 Jahren.

»Und wann gehen Sie wieder nach Hause?«
»Wenn ich Feierabend habe um acht, aber ich wollte mich
vorher noch mit einem Freund treffen.«
»Ich meine zurück.«
»Wohin zurück? Ich bin Deutsche. Meine Eltern
sind Deutsche, meine Großeltern waren Deutsche.
Ich lebe in der Stadt, in der ich geboren wurde.
Wohin zurück?«

Ich hätte mir bis zu diesem Dialog nie vorstellen können, eines Tages dieses, mein Land verlassen zu wollen. Im 21. Jahrhundert, in einem Land mit einer fast 2000-jährigen jüdischen Geschichte, geht man davon aus, dass Juden nur auf der Durchreise sind.

Ich kenne die Geschichten der russischen Einwandererfamilien, die hier neu anfangen mussten, weil sie in ihrer Heimat verfolgt wurden. Ich bin dankbar, dass ich das nicht erleben musste, dass die religiöse Diskriminierung mit dem Ende der DDR überwunden war – so dachte ich zumindest.

Und jetzt? Jetzt werde ich in meinem eigenen Land von wildfremden Menschen dazu aufgefordert, irgendwohin zurückzugehen, woher ich nicht kam.

»Und wann gehen Sie wieder nach Hause?«

Man fragt mich häufig, wie oft ich angegriffen werde. Gemeint ist immer der physische Angriff. Es heißt: »Aber du hast doch gesagt, dass du noch nie körperlich angegriffen wurdest.« Ich frage dann gelegentlich zurück, ob nur dieser zählt.

Seit Jahren erlebe ich Schmähungen, Bedrohungen und Vorverurteilungen. Es sind aber lediglich die körperlichen Angriffe, über die die Medien berichten – sofern sie überhaupt berichten. Der ganz normale verbale Antisemitismus im Alltag wird schon gar nicht mehr richtig wahrgenommen, selbst von den Zielpersonen, den Jüdinnen und Juden nicht. Wir verdrehen die Augen, wenden uns ab, weinen heimlich. Wir sind wütend und vor allem verletzt. Mit jedem Angriff geht ein bisschen mehr kaputt.

Denn nicht nur der körperliche Angriff versehrt, der permanente verbale tut es auch. Er gräbt sich tief ein in unsere Seelen – und er richtet etwas an in dieser Gesellschaft. Der verbale Angriff ebnet den Weg für folgende verbale Angriffe. Er bereitet den Boden für gesellschaftliche Umbrüche und körperliche Gewalt. Sprache ist ein Spiegel und ein Wegweiser in die Zukunft.

2003, in meinem letzten Jahr als »Host« in der Ausstellung des Jüdischen Museums Berlin, kamen auch zwei weißhaarige Herren einer bayerischen katholischen Reisegruppe ins Museum. Es war der ökumenische Kirchentag in Berlin. Die Herren wurden zu meiner Kollegin und mir geschickt. Sobald sie vor uns standen, wurden sie den Hinweis los, man hätte an anderer Stelle ihre Frage nicht beantworten können. Ich rätselte gerade noch, ob es etwas tiefergehend Theologisches war, was die anderen Kollegen nicht hatten beantworten können, als die Frage schon herausplatzte:

»Warum kommen all die Juden zu uns? Sie haben doch jetzt ihre Heimat, wohin sie gehen können.«

»Warum kommen all die Juden zu uns?
Sie haben doch jetzt ihre Heimat, wohin sie gehen können.«

»Welche Juden meinen Sie?«, fragte ich.

Die Frage war in einer solch empörten Tonlage gestellt, dass sich mein inneres Auge Bilder einer Flutwelle ausmalte, durch die das Hier und Jetzt begraben wurde. Es stellte sich heraus, dass die Herren über die sogenannten Kontingentflüchtlinge sprachen, eben jene Juden und ihre Angehörigen, die nach Deutschland immigrieren konnten, um nicht mehr der stetigen Verfolgung in den Staaten der ehemaligen Sowjetunion ausgesetzt zu sein. Jene Menschen, die in ihren Pässen nicht mehr als Juden gebrandmarkt, die nach ihrer Leistung bewertet werden wollten und nicht in ihrer Karriere gehindert, weil ihre Nationalität unter »Jude« geführt wurde.

Es handelt sich laut einer Schätzung aus den 1980er-Jahren um etwa 200 000 Menschen, die nach russischer Wertung als Juden gelten. Seit 2005 müssen sie eine Aufnahme in eine jüdische Gemeinde in Deutschland sowie eine positive Integrationsprognose vorweisen, um einreisen zu können. Alternativ bleibt Israel.

Ich hatte Kollegen im Jüdischen Museum und Freunde, die aus der ehemaligen Sowjetunion zunächst nach Israel gegangen waren, manche kamen erst nach Deutschland und zogen dann weiter nach Israel. Verstreute Familien, die wieder zusammenfinden wollten. Allen gemein aber war und ist, dass sie ihre Heimatländer wohl nicht verlassen hätten, wenn die Umstände andere gewesen wären. Sie verließen ihre Länder, weil sie verfolgt und diskriminiert wurden.

»Dann passiert auch so etwas wie mit Hitler
nie wieder, wenn sie nicht mehr da sind.«

Meine Kollegin Raina, die neben mir stand, war einst selbst ein Kontingentflüchtling, und sie hatte eine Zeit lang als Studentin in Israel gelebt. Dies war die »Heimat«, die die beiden Herren den Flüchtenden, vor allen jenen, die nun in ihrer kleinen bayerischen Stadt ein neues Zuhause finden sollten, zuschrieben. Raina versuchte, aus eigener Erinnerung zu schildern, wie das Leben in der Ukraine war. Sie war noch ein kleines Mädchen, als ihre Eltern mit ihr das Land verließen, nach dem sie sich doch immer noch sehnte. Aber die Herren hörten ihr nicht zu. Es ist ein Gespräch wie so oft. Man will nicht wirklich wissen, fragt nicht wirklich, will nur seinen Standpunkt äußern. Man will nichts hören, was dem eigenen Bild nicht entspricht.

Noch heute erinnere ich mich, wie Raina und ich versuchten, unsere Wut hinunterzuschlucken und unsere Fassungslosigkeit nicht zu zeigen. Im Museum sind wir nicht die Jüdinnen. Hier sind wir neutrale Personen, die Fragen beantworten. So wurde es uns eingeschärft, so versuchten wir, unsere Arbeit zu machen. Irgendwann verließ mich diese Professionalität.

Ich fragte die beiden Herren, ob es in dieser kleinen bayerischen Gemeinde vor der Schoah jüdisches Leben gegeben hatte. Das gab es, klein, aber wohl sehr aktiv und integriert. Ein paar Juden hätten überlebt, wollten aber nicht mehr dort leben nach dem Krieg. Darüber waren die beiden Männer empört. Ebenso wie über den aktuellen Zuzug von Juden.

»Ist es dann nicht gut, dass es wieder jüdische Menschen geben wird, die an dieses Gemeindeleben anknüpfen können?«, wollte ich wissen.

»Die Menschen, die jetzt kommen, gehören nicht in die Gemeinde, sie sollen in ihre Heimat.«

»Zurück nach Russland? In die Ukraine?«

»Nein, nein, da leben ja so viele Russen.«

Ich nahm meinen ganzen Mut zusammen und fragte: »Meinen Sie damit eigentlich, dass alle Juden, auch die deutschen, nach Israel gehen sollen?«

»Ja, sie sollten, jetzt gibt es ja diese Heimat, jetzt können sie ja da hingehen. Dann passiert auch so etwas wie mit Hitler nie wieder, wenn sie nicht mehr da sind.«

Es war das Ende des Gesprächs. Der Boden unter meinen Füßen wankte. Hier stand ich. Mir gegenüber zwei Herren, weiß der Kopf, beige die Kleidung. Sie sagten mir, ich solle gehen, mein Land verlassen. Ich war Anfang 20, und es war das erste Mal, dass man mir sagte, ich solle gehen.

Die katholische Gruppe zog weiter. Ging in ihre Kirchen. Besuchte ihre Gottesdienste und war bestrebt, ihre Heimat zu hüten, die niemandem sonst zur Heimat werden durfte.

»Das Kreuz ist das grundlegende Symbol der
kulturellen Identität christlich-abendländischer Prägung.«

15 Jahre später wird ein ehemaliger bayerischer Ministerpräsident zum bundesdeutschen Innenminister ernannt. Er ist zugleich Heimatminister, eine nach bayerischem Modell geschaffene neue Betitelung. In den ersten Tagen nach seiner

Vereidigung verkündet er, der Islam gehöre nicht zu Deutschland. Markus Söder, sein Nachfolger in Bayern, stimmt dem zu und lässt per Anordnung in allen Landesbehörden Kreuze aufhängen.

Im Grundgesetz, Artikel 3 Absatz 3, steht: »Niemand darf wegen (…) seiner Abstammung, seiner Rasse (…), seiner Heimat und Herkunft, seines Glaubens, seiner religiösen und politischen Anschauungen benachteiligt oder bevorzugt werden.«
Es ist das Grundgesetz, das mich an Deutschland glauben lässt. Es sind Menschen wie ein Innenminister und ein Ministerpräsident eines Bundeslandes, die mich nicht mehr an dieses Land glauben lassen. Es sind Menschen wie diese beiden Herren der katholischen Reisegruppe aus Bayern, die mir Angst machen. Denn sie wollen mich abschieben, mir ein freies Leben nach dem Grundgesetz absprechen.

Menschen in Deutschland, die einen nicht deutsch klingenden Namen oder eine andere Lidfalte haben, kurz, die »irgendwie anders« wirken als die vermeintliche Norm, kennen diese Frage nach dem »Wann gehen Sie nach Hause?«. Der Grünenpolitiker Cem Özdemir hat auf die Aufforderung der AfD, er solle »nach Hause gehen«, geantwortet: »Am kommenden Wochenende bin ich wieder in meiner Heimat. Ich flieg nach Stuttgart, dann nehm ich die S-Bahn, und ich lande am Endbahnhof Bad Urach, da ist meine schwäbische Heimat. Und die lass ich mir von Ihnen nicht nehmen.«
Und trotzdem verletzt diese Frage, auch wenn sie einem schon hundertmal gestellt wurde. Menschen nehmen sich das Recht, durch vermeintliche Äußerlichkeiten, Sprachunterschiede oder Wissen um eine nichtchristliche Religion andere außerhalb Deutschlands zu verorten. Menschen, die seit Ge-

nerationen hier leben. Manchmal ist es nicht böse gemeint, manchmal ist es eine unbeholfene Art, Interesse zu zeigen. Aber sollten wir diese Zeiten nicht längst überwunden haben?

Seit dem Aufkommen der AfD und ihrem Einzug in den Bundestag wird wieder verstärkt der Begriff Heimat bemüht. Und in unzähligen Publikationen geht man der Frage nach: Was ist Heimat?

Vielleicht weiß man es erst, wenn man sie verlässt, wenn man in der Ferne ist und realisiert, wie sehr man die Kultur und die Gepflogenheiten des jeweiligen Landes verinnerlicht hat, wie sehr es Bestandteil der eigenen Identität geworden ist.

Die Liebe brachte mich für einige Zeit in die USA. Ich gab die Liebe auf und kehrte voller Sehnsucht zurück. Ich kehrte zurück, weil ich die europäische Offenheit vermisste, weil ich mit der Bedeutung der gesellschaftlichen Stellung und all den (einschränkenden) Regeln, die zu befolgen waren, nicht zurechtkam. Ich kehrte zurück, weil ich mich an den alltäglichen Rassismus, der im Süden der USA so normal wie unreflektiert vorherrschte, nicht gewöhnen konnte. Immer mehr fühlte ich, dass meine Heimat dieser alte Kontinent hier ist – und ich nahm an, er würde nicht wieder in alte Muster verfallen. Ein Kontinent, den ich im Zeichen der Offenheit, des Humanismus, der Bildung stehen sah.

Doch in den letzten Jahren wurde mir meine Heimat immer öfter abgesprochen. In meiner Stadt, in meinem Land sagt man mir, meine Heimat sei Israel. Im nächsten Moment wird diesem Staat aber das Existenzrecht abgesprochen – und damit auch mir? Ich werde immer wurzelloser. Ist hier noch meine Heimat? Ich zweifle. Ich werde hoffnungsloser in einem Land, in dem sich Menschen an überkommen Geglaubtem festklammern.

Der konkrete Gedanke an ein Heimatland für die Juden entstand aus jüdischer Perspektive nicht von ungefähr. Immer lebten Juden in dem Landstrich, den wir heute Israel nennen. Es waren die Pogrome, der weltweite Hass, der die Menschen dorthin trieb, es war der Wunsch nach einem Leben, in dem man nicht als »anders« betrachtet wird. Der Wunsch nach dem Versuch einer Gesellschaft, in der alle gleich sind. Es war der Traum einer besseren Welt in einer Welt voller Hass.

Der Gedanke, ein besseres Land zu finden, begleitet auch mich. Ich glaube nicht mehr daran, dass Deutschland dieses Land ist.

DDR-Gleichschritt und
der Weg zum Glauben

Ich wurde in Berlin geboren, hier bin ich aufgewachsen. Die Welt, in der ich aufwuchs, war eine Diktatur, die meine Kindheit früh beendete. Die Diskriminierungen in der Schule setzten bald ein: Kinder, die der Kirche angehörten, wurden von den Gruppennachmittagen ausgeschlossen. Ich verstand es nicht. Alles musste gleich sein. Dass ich schon las und mich langweilte, wurde dadurch wettgemacht, dass mir meine Linkshändigkeit mit Gewalt ausgetrieben wurde. Man durfte nicht anders sein, auch nicht beim Schreiben. Ein paar Jahre später schauten die Lehrer weg, als ich in Klassenzimmern und auf den Schulhöfen verprügelt wurde. Mal hatte ich eine vermeintlich westliche Jacke an, mal war es das ganz normale Schülermobbing, weil jemand »irgendwie anders« war, mal waren es Schläge, weil ich die Existenz eines G'ttes* nicht verleugnen wollte. Bei all dem haben die Lehrer zugesehen, ja, sie haben weiteren Diskriminierungen Vorschub geleistet.

Die Gesprächsversuche meiner Mutter, als die blauen Flecke nicht mehr zu übersehen waren, wurden mit Achselzucken abgetan. Sie war nicht in der Partei. Man wusste, dass sie nicht auf Linie war. Sie würden mir nicht helfen.

---

* G'tt – jüdische Schreibweise, um den Missbrauch oder die Schädigung des G'ttesnamens zu verhindern. Das dritte Gebot verlangt, »den Namen des Herrn, deines G'ttes nicht zu missbrauchen«. Schriftstücke, in denen der Name aufgeführt wird, dürfen nicht zerstört werden. Sind sie zu sehr geschädigt, werden sie in einer sogenannten Genisa aufbewahrt. Zwar ist dieses Buch kein religiöser Text und G'tt kein Eigenname des Ewigen, dennoch habe ich mich aus Respekt dem Minhag (Brauch) angeschlossen, das Wort im jüdischen Kontext nicht auszuschreiben. Es ist ausdrücklich kein Gebot, lediglich ein Brauch.

»Du musst dir ein dickes Fell wachsen lassen« war der Satz, der meine Kindheit bestimmte. Genauso wie die jährliche Festlegung, zu welchen Freunden der Mutter ich gehen würde, wenn sie eines Tages nicht mehr nach Hause käme. Die Drohungen waren eindeutig, das Druckmittel Kind ein übliches in der Diktatur DDR. Meine Mutter hat sich dennoch das Wort nicht verbieten lassen. Schon als Kind war ich stolz darauf.

Die private Welt spielte sich in Künstlerkreisen ab. Kreise, in denen nächtelang diskutiert wurde. In denen man reden konnte. So wie in der Kirche. Deshalb heißt Kirche für mich Politik. Kirchen waren in der DDR die Orte des freien Sprechens, des Denkens, der Zukunft. Die Umweltbibliothek, der Überfall auf die Konzertgäste vor der Zionskirche, der Versuch des Vertuschens durch die Stasi – das waren einige der Dinge, die meine Kindheit begleiteten, die mich prägten.

Mein Weg schien vorgezeichnet. Ich würde nie studieren können, man würde mir trotz Bestleistungen kein Abitur erlauben. Nur über die Kirche in der DDR hätte es so etwas wie eine Chance gegeben. Ich fühlte mich in diesem Umfeld wohl und sicher. Man stand zusammen, ob Christ oder nicht, es spielte keine Rolle. Diskriminierungen, Verfolgung – egal, ob man wirklich »etwas getan« hatte. Ein freier Geist war Gefahr genug.

1989 dann die Befreiung. Die Wochen zuvor: Demonstrationen, Diskussionen, der Kampf für Freiheit und eine Zukunft. Die Mauer fiel. Endlich Freiheit. Eine Freiheit, die ich als Teenager in den 1990er-Jahren in Berlin nutzte. Ich wollte wissen. Bücher frei kaufen. Denken. Lernen. Kontrovers sein. Ich suchte meinen Weg. Ich besuchte den Konfirmandenunterricht einer Berliner Kirche. Ich saugte alles auf und wusste, dass es nicht mein Weg war. Ich setzte mich mit dem Islam und dem Buddhismus auseinander. Irgendwann nahm mich ein Freund mit in die Synagoge Oranienburger Straße. Damals hatte sich gerade ein paar Monate zuvor eine Gruppe Frauen zusammengefunden, um einen gleichberechtigten G'ttesdienst durchzuführen. Die Lieder, die Gebete – ich war zu Hause.

Das Judentum war in meinem Leben bis dahin nur eine Randerscheinung. Da war etwas, irgendwann einmal. »Wir waren ja nie religiös«, sagte die Großtante und ging mit mir an die verbliebenen Orte jüdischen Lebens in Leipzig. Sie erzählte mir von dem, was einmal war. Nach meinem ersten Besuch in der Synagoge Oranienburger Straße holte ich alles Wissen nach. Und mit jedem Stück mehr, mit jedem Ritual, mit jedem Widerspruch wusste ich, dass ich angekommen war, dass ich nicht mehr suchen musste.

Heute, über 20 Jahre später, gehe ich nur noch selten in die Synagoge. Ich vermisse die Lerngruppen, die wir bei Jung und Jüdisch, einem Verein für liberale Jüdinnen und Juden von 18 bis 35 Jahren, hatten. Und noch immer lebe ich in dem Zwiespalt, dass ich keine jüdische Kindheit hatte, und dem Wissen, dass diese jüdischen Kindheiten in jüdischen Kindergärten und Schulen manchmal wie ein Paradies klingen, ich kenne aber auch Berichte darüber, wie Großeltern diese Kinder abholten und während der Fahrt durch die Stadt auf ihre einstigen Peiniger trafen. Für diese Kinder war und ist Alltagsantisemitismus ganz normal. Ich habe ihn erst viel später im Leben erfahren.

Heute spreche ich dann und wann einen Segen, immer vor dem Schlafen, auch vor dem Schreiben dieser Texte. Ich lebe aber nicht streng religiös. Eine Zeit lang hatte ich getrenntes Geschirr, kleidete mich sehr zurückhaltend mit langen Röcken und hielt den Schabbat. Doch letztlich sind die Gesetze für die Menschen gemacht, nicht die Menschen für die Gesetze. Ich kann, so mir das Leben zu schwer wird, auf die Regeln und Hilfestellungen der Religion zurückkommen. In meinem Judentum aber geht es nicht darum, den richtigen Segen über die richtige Frucht zu sprechen, es geht einzig und allein darum, dass wir selbst dafür verantwortlich sind, was wir aus dieser Welt machen. Es gibt niemanden, der die Welt lenkt, der alles vorbestimmt. Es gibt auch keine Heilsversprechen, keine Dogmen, keine Pflicht der Gemeinschaft. Es gibt nicht den richtigen oder den falschen Glauben. Menschen finden ihre Wege, es ist gleich, für welche sie sich entscheiden, solange sie niemandem schaden. So wurde ich erzogen, so denke ich auch heute.

»Du könntest jetzt in Sicherheit leben,
wenn du niemandem sagst, was du bist.«

Ein Rabbiner fragte mich Anfang der 2000er-Jahre: »Warum tust du das, warum kommst du zurück? Du könntest jetzt in Sicherheit leben, wenn du niemandem sagst, was du bist.« Damals empörte mich diese Frage. Heute verstehe ich ihn. Und dennoch würde ich nichts anders machen. Ich werde mich nicht verstecken, weil andere mich nicht sehen wollen.

Wer wäre ich, die ich in einem Rechtsstaat lebe, mich zu verstecken und nicht mehr gegen Unrecht aufzustehen? Ich werde es nicht tun. Und dennoch, die Koffer sind gepackt, wenn ich sehe, dass die wenigen Stimmen, die aufbegehren, die für eine gleichberechtigte Gesellschaft kämpfen und gegen den Hass, weniger werden und wenn es nichts mehr gäbe, um das es sich zu kämpfen lohnt. Dann gehe ich. Doch so lange: Hineni – hier bin ich.

11. September 2001

Am 11. September 2001 sitze ich mit Kollegen im Keller des Jüdischen Museums Berlin. Wir befinden uns hinter dicken Betonwänden, kein Handysignal dringt durch. Der Raum zwischen der Holocaust- und Exilachse ist fensterlos. In einigen Minuten, um 15 Uhr, soll das Jüdische Museum das erste Mal seine Türen für die Öffentlichkeit öffnen.

Ich arbeite hier als sogenannter »Host«, als Gastgeberin. Die Mitarbeiter mussten durch diverse Auswahlverfahren gehen. Wir wurden eingehend überprüft, geschult und vorbereitet. Es sollte mein erster Job in einem irgendwie jüdischen Umfeld sein. Hier kamen verschiedene Welten zusammen. Junge Menschen aus dem alten jüdischen Westberlin trafen auf russische Juden, auf ostdeutsche Juden und vor allem aber auf Nichtjuden. Wir kamen aus aller Welt. Wir waren bunt gemischt, Juden, Christen, Hindus, Muslime, Atheisten. Wir waren ein Abbild der Gesellschaft, und wir durften in diesem großartigen Haus arbeiten, ein Teil sein der Hoffnung, die zumindest für mich darin verkörpert war. Niemand scherte sich um die religiöse Herkunft der anderen. Warum auch?

Bevor ich an diesem Tag zur Arbeit ging, war das zweite Flugzeug in das New Yorker World Trade Center geflogen. Auf meinem Fernseher lief am Vormittag CNN. Ich sah es – live. Glaubte ich zunächst noch an einen schrecklichen Unfall, wurde schnell klar, dass es keiner sein konnte. Verstört und mit vielen Fragen im Kopf machte ich mich auf den Weg zur Arbeit.

Bedrückte Stimmung. Das feierliche Gefühl, das wir noch am Tag zuvor verspürten, war verflogen. Wir Kollegen kannten uns noch nicht. Einige sorgten sich offen um Freunde und

Familie in New York. Andere hatten noch nicht gehört, was geschehen war. Wir alle hatten Angehörige, Freunde, die sich um uns sorgten. Könnte das Museum mit seinem markanten Neubau auch ein Angriffsziel sein?

Das Museum hat an jenem Tag nicht eröffnet. Man schickte uns nach Hause und wollte uns benachrichtigen, wann wir wieder zur Arbeit kommen sollten. Panzer fuhren vor den Toren auf. Sie blieben, nicht nur für ein paar Tage. Die Sicherheitsstufe wurde erhöht.

Das Haus gilt wie Botschaften und Regierungseinrichtungen als gefährdete Einrichtung. Ich sehe diese Panzer nicht mehr, ich sehe nicht die Waffen der Wachleute. Es ist Alltag und irgendwie, wie auch in der Synagoge, ein wenig Gewissheit, hier sind wir sicher.

»Das waren doch die Juden.«

Zwei Tage später kommen wir wieder zusammen in diesem Kellerraum mit den dicken Wänden ohne Fenster. Inzwischen wissen wir von den Tausenden Toten. Die Welt ist kälter geworden. Manch einer hat Gewissheit, dass es den Freunden gut geht, manch anderer wartet noch. Es ist still. Heute nun wird das Museum eröffnet. Es soll kein Eröffnungsfest geben, kein Tamtam. Wir ziehen unsere schwarze Kleidung an. Legen den roten Seidenschal um. Es ist ein Tag, wie noch viele andere kommen werden. Wir werden eingewiesen in die Dinge, die anstehen, besondere Gäste und aktuelle Entwicklungen werden bekannt gegeben. Noch ist Zeit, bis wir in die Ausstellung hinausgehen. Wir können plaudern, uns kennenlernen, Kommilitonen entdecken: »Du auch hier?« Wir sprechen über das, was vor zwei Tagen geschehen ist. Darüber, wie es unser Leben beeinflussen könnte – oder auch nicht.

Irgendwo aus dem Raum ertönt eine Stimme: »Das waren doch die Juden.« Es ist ein Kollege, der das sagt. Aus einer Ecke brummt jemand »Unsinn«. Ich selbst kann nicht reagieren. Hier an diesem Ort, im Jüdischen Museum Berlin, erlebe ich das erste Mal offenen Antisemitismus, in meiner Welt, in der es bis dahin nichts Antijüdisches gab. Es schien so fern. Plötzlich bin ich mittendrin. Fassungslosigkeit wird mich noch oft ergreifen, nur lässt sie mich heute nicht mehr sprachlos bleiben.

Eine zierliche Dame mit rotem Haar bewegt sich auf den Mann zu. Mit einer ruhigen Bestimmtheit spricht sie ihn an: »Haben Sie jemals einen Menschen verloren, eine Freundin, einen Angehörigen? Haben Sie jemals nicht gewusst, was aus Menschen, die Ihnen am Herzen liegen, geworden ist? Kennen Sie das Gefühl der grenzenlosen Ungewissheit? Die Trauer, wenn jemand mit Gewalt aus dem Leben scheidet?«

Der Kollege, an dessen Namen ich mich nicht mehr erinnere, starrt sie an, er schaut sich Hilfe suchend um, stottert Unverständliches. Mit einer Reaktion hat er offensichtlich nicht gerechnet.

»Haben Sie wenigstens einen Funken Anstand im Leib? Können Sie sich vorstellen, wie sich die Menschen in den Flugzeugen gefühlt haben müssen? Wie sie versucht haben, das Unvermeidliche zu verhindern, die Terroristen aufzuhalten, obwohl sie schon wussten, dass sie sterben werden?«

Der Kollege ist nun verstummt, er schaut verdutzt, als wäre ihm überhaupt nicht bewusst, wo er sich befindet. Die Dame legt nach, ein wahres Wortgewitter prasselt auf ihn nieder: »Können Sie sich diese Panik vorstellen, Todesangst? Dass diese Menschen noch versucht haben, ihre Liebsten anzurufen, um sich für immer von ihnen zu verabschieden? Haben

Sie einen Funken Vorstellungsvermögen, was dort alles in wenigen Minuten passiert ist zwischen einem normalen Flug und der Erkenntnis, dass sie sterben werden, dass sie sich nicht wehren können? Und haben Sie nicht mitbekommen, wie viele Menschen noch immer um ihre Angehörigen bangen, hoffen, dass sie überlebt haben, dass sie nicht unter Trümmern, sondern in einem Krankenhaus liegen? Und woher haben Sie diesen Unsinn, dass die Juden schuld an diesem Terror sind?«

»Das hab ich auf dem Weg zur Arbeit irgendwo gelesen«, ist seine Antwort. Inzwischen scheinbar weniger gewiss.

Es wird nicht das letzte Mal sein, dass diese Verschwörungstheorie propagiert wird. Es scheint fast, mit dem 11. September 2001 sind solche Theorien wieder auf dem Vormarsch. Es wird für meine Kollegen und mich in diesen Mauern zum Alltag werden. Heidruth Bab, die rothaarige Dame, aber ist die Einzige, die sich so klar äußert. Die Szene im Keller steht noch immer symptomatisch für das, was vorgeht. Es sind nur sehr wenige, die sich offen gegen den Hass äußern, die ohne ein »Aber« dem entgegentreten, was so zerstörerisch sein kann. In den kommenden Jahren werde ich viel von ihr und ihrem Mann lernen können. Ich erfahre, wie sie Werner, einen Überlebenden, im New York der 1960er-Jahre kennenlernte. Wie sie zum Judentum konvertierte und mit ihm wieder zurück nach Deutschland, nach Berlin ging. Eine wunderbare, starke, kluge Frau. Auch sie wird mir vom alltäglichen Antisemitismus in der Stadt erzählen, davon, wie man sich seine Freunde sehr bewusst aussucht, davon, dass es keine Rolle spielt, ob man religiös ist oder nicht, davon, wie tief eingepflanzt dieser Hass in der Gesellschaft ist, so tief, dass er von denen, die ihn weitertragen, nicht einmal wahrgenommen wird. Und sie wird mir auch sagen, dass man sich nicht verstecken darf.

Bitte jüdisch,
aber nicht zu sehr

Noch im Eröffnungsmonat des Jüdischen Museums Berlin, im September 2001, liegen die jüdischen Hohen Feiertage. Die einzigen Tage, außer Heiligabend, in denen das Museum für das Publikum geschlossen ist.

Genau auf diese Tage wurden die Schulungen für die Mitarbeiter angesetzt, in Kommunikation, Erster Hilfe etc. Das ist so, wie wenn Prüfungen auf die Weihnachtstage oder auf – eben – Heiligabend gelegt würden. An diesen Tagen versammeln Juden sich zu Rosch Haschana (Neujahr) und Jom Kippur (Versöhnungstag) in den Synagogen und Bethäusern. Die G'ttesdienste nehmen den Großteil des Tages ein und sind religiöse Pflicht. An Jom Kippur wird zudem von Sonnenuntergang zu Sonnenuntergang gefastet.

Unser (jüdischer) Einwurf, dass wir an diesen Tagen wohl kaum etwas anderes tun werden, als die Synagoge zu besuchen, wird missbilligend zur Kenntnis genommen. Man wirft uns vor, dass dem Museum dadurch Kosten entstehen, da die Trainer für diese Tage viel Geld kosten würden. Der Personalchef hat zwar beim Aussuchen der Mitarbeiter darauf geachtet, dass sie möglichst irgendeine Verbindung zum Thema haben, hat sich aber nicht mit jüdischer Geschichte und Religion auseinandergesetzt. Damals denke ich noch, es ist Unwissenheit. Heute betrachte ich es als Ignoranz. Es ist die alltägliche Ignoranz dem gelebten jüdischen Leben gegenüber.

Wir sind aber keine Vergangenheit, kein Kapitel in Geschichtsbüchern. Uns gibt es wirklich. Wir leben unsere Leben, hier, heute, jetzt. Wir sind mal mehr, mal weniger observant*. Wir gehen unserer Arbeit nach. Wir ziehen unsere Kinder groß. Wir leben, lieben, sterben hier in diesem Land. Wir, die ganz normalen Jüdinnen und Juden, die man eben nicht erkennen kann. Wir werden nicht gesehen und oft genug, wenn wir etwas sagen, als Störfaktor betrachtet.

So ist es auch in den ersten Monaten im Museum für alle Mitarbeiterinnen Pflicht, Hosen zu tragen. Religiöse Jüdinnen tragen aber keine Hosen und können somit nicht dort arbeiten. Glücklicherweise löst sich das nach einer Weile, allerdings nie offiziell. Eine junge Frau mit langem Rock steht plötzlich unter uns. Es wirkt wie ein Befreiungsschlag.

---

* observant: sich streng an die Regeln haltend

Museumsvorschriften –
»Die Rache der Juden«

Große Museumshäuser mit wertvollen Originalobjekten bedürfen besonderer Fürsorge, um für Besucher zugänglich gemacht werden zu können. So müssen die klimatischen Bedingungen stabil gehalten werden. Gerade beim Klima und bei der Luftfeuchtigkeit, die nicht nur durch die Außeneinflüsse, sondern auch durch die Anzahl der Besucher stark schwankt, gibt es oft Probleme. Klimaanlagen können nicht alles abfangen, Klimavitrinen sind eine teure und wartungsintensive Anschaffung. Gleichzeitig können Vitrinen und frei stehende Objekte durch unachtsame Bewegungen, gerade bei starkem Besucherandrang, schnell geschädigt werden. Deshalb müssen große Taschen und Rucksäcke, Jacken und Mäntel, die besonders im Winter schwer und oft nass sind, abgegeben werden.

Mit mehreren Tausend Besuchern am Tag in einem Haus, das zunächst nicht für diesen Ansturm ausgelegt war, war sehr schnell klar, dass die Richtlinien streng befolgt werden müssen. Schon vor der Eröffnung stand zudem fest, dass Besucher im Jüdischen Museum Sicherheitskontrollen ähnlich denen an Flughäfen durchlaufen müssen, denn das Haus wurde von der Polizei als gefährdete Einrichtung eingestuft.

Hat man es durch die Sicherheitskontrollen geschafft, muss man durch das nächste Nadelöhr: das sogenannte Ticketing. Jeder auf dem Weg zur Ausstellung muss hier vorbei. Hier werden die Eintrittskarten kontrolliert und Besucher darauf aufmerksam gemacht, dass Mäntel und große Taschen abzugeben sind.

Das Ticketing ist der Ort, an dem Menschen ihren Frust ablassen, ihren Frust über die Sicherheitskontrolle, die verpflichtende Gepäckabgabe, den zu entrichtenden Eintritt. Ganz normale Vorgänge in Museen. Nur hier, im Jüdischen Museum, werden diese Dinge von manchen Menschen anders betrachtet. All diese Vorgaben existieren für sie nicht aus dem Grund, die Objekte zu schützen und den Besuch möglichst angenehm zu gestalten. Im Gegenteil. Die Argumente zählen nicht.

>*Das ist jetzt also die Rache, dass die Deutschen so viele Juden umgebracht haben, dass Sie uns in Ihrem Museum Vorschriften machen.*«

»Ich darf Sie bitten, Ihren Mantel und den Rucksack abzugeben. Die Garderobe ist dort hinten. Es kostet nichts.«

»Ich will das aber nicht abgeben.«

»Sie dürfen mit dem nassen Mantel nicht in die Ausstellung. Es ist sehr warm dort, und Sie werden ihn ausziehen wollen. Sie dürfen ihn nicht über dem Arm tragen, da er wie der Rucksack zu viel Platz einnimmt. Sie bekommen in der Garderobe eine Tüte, in der Sie Ihre Wertsachen mit in die Ausstellung nehmen können, wenn Sie das wünschen.«

»Das ist jetzt also die Rache, dass die Deutschen so viele Juden umgebracht haben, dass Sie uns in Ihrem Museum Vorschriften machen.«

»Was meinen Sie mit ›Ihrem Museum‹?«

»Das Judenmuseum. Das hat sich der Zentralrat ja hervorragend ausgedacht.«

»Das Museum ist eine Bundesstiftung. Weder der Zentralrat der Juden noch die jüdischen Gemeinden sind hier beteiligt. Das Museum hat keinen anderen Status als etwa die Neue Nationalgalerie.«

Andere Dialoge am Ticketing lauteten:

»Getränke dürfen nicht mit in die Ausstellung genommen werden. Sie können die Flasche bei uns hinterlegen und nach Ihrem Besuch wieder abholen.«

»Weil sie im Getto hungern mussten, dürfen wir jetzt nichts bei denen trinken.«

Oder:

»Den Regenschirm müssen Sie bitte abgeben.«

»Wieso sollte ich?«

»Die Ausstellung ist zum Teil sehr eng gebaut, dazu kommt, dass wir heute sehr viele Besucher haben. Wir versuchen, sowohl unsere Objekte als auch andere Besucher vor versehentlichen Beschädigungen zu schützen.«

»Und schon geben die Juden wieder vor, was ich darf und was nicht.«

Andersherum kam es aber auch vor:

»Sie müssten Ihre Tasche bitte abgeben. Sie ist zu groß für die Ausstellung. Die Taschen, die hier in diese Box passen, dürfen gern mit hineingenommen werden.«

»Ach so, erst wollt ihr uns umbringen und jetzt macht ihr weiter mit eurer KZ-Aufsehermentalität.«

Besucher sahen die Vorschriften teils als Rache der Juden für den Holocaust, teils als Beweis für die KZ-Aufseher-Mentalität der Deutschen an, wenn sie ihre Koffer, Rucksäcke und Mäntel abgeben sollten. So absurd es klingt, so ernst war es gemeint. Heute kann ich darüber lachen. Damals musste ich lernen, es auszuhalten. Ich musste lernen, dass man für diese Menschen kein Mensch ist, der freundlich um Dinge bittet. Man ist in ihren Augen willfähriges Werkzeug zur Ausführung irgendwelcher Dinge, denen sie in jedem anderen Museum der Stadt genauso begegnen, nur eben ja, dieses Museum trägt »jüdisch« im Namen. Hier wird hinter den überall sonst ebenfalls üblichen Museumsanforderungen vermutet, dass es ein Weg »der Juden« sei, sich für Dinge aus der Vergangenheit zu rächen. Es wird gleichzeitig davon ausgegangen, dass ein jüdisches Museum den jüdischen Gemeinden gehört, durch den Zentralrat gesteuert wird und dass nur Juden dort arbeiten.

An sechs Tagen in der Woche arbeitete ich im Museum, an mindestens einem dieser Tage am Ticketing. Mir wurde regelmäßig unterstellt, dass ich mich für was auch immer rächen wollte. Es gab keinen Unterschied bei den Beschimpfungen, ob sie durch Intellektuelle, die mir zuvor von ihrer Lehrtätigkeit an Schulen und Hochschulen berichteten, erfolgten, oder durch Menschen, für die es nicht wichtig war, ihren Hintergrund zu betonen.

Oft und ohne Umschweife wurde ich danach gefragt, was meiner Familie während der Schoah widerfuhr. Sie wussten nicht, ob ich Jüdin bin oder nicht. Sie fragten nicht danach, sondern gingen automatisch davon aus. Und allzu oft fiel der Satz, dass »das alles für alle schlimm war«. Die Worte Schoah oder Holocaust oder Mord wurden selten in den Mund genommen. »Das alles« umfasste den Mord an den Opfern der Nationalsozialisten und das Leben der Bürger, die nicht von Diskriminierungen und Deportationen betroffen waren.

Auch ich kann mir nicht wirklich vorstellen, wie das Leben damals war. Ich weiß nur, dass die heutige Gesellschaft, dass die Menschheit es nicht zulassen darf, dass diese Dinge je wieder geschehen, dass Hass, auf irgendwen, egal, wen, die Überhand über die Vernunft gewinnt.

»Die Besitzerin vermietet nicht an Juden«

Mein privates Leben ist zu Beginn der 2000er-Jahre ein ganz normal jüdisch observantes Leben. Ich lebe, soweit es in Deutschland geht, koscher, kleide mich den Vorgaben der Zniut* entsprechend. Ich gehe regelmäßig jede Woche in die Synagoge. Die Mesusa** an der Tür ist für mich selbstverständlich. Ich denke nicht darüber nach, dass das Folgen haben könnte. Von den Freunden aus der Gemeinde höre ich Gegenteiliges. Sie haben ihre Mesusot*** an den Wohnungstüren abgenommen. Manche haben sie gar nicht erst angebracht.

Berlin 2002, bürgerliche Wohnbezirke. Die beschmierte Mesusa beim Nachhausekommen. Mariam wohnt in Charlottenburg. Sie hat wieder geputzt, wie jede Woche. Nicht Stolpersteine, sondern die Mesusa an ihrer Tür. Ein paar Wochen später wird sie Deutschland verlassen. Die Gewissheit, dass nichts sicher ist, nimmt sie, Tochter von jugoslawischen Flüchtlingen, mit. Ihre jüdische Identität wird sie nicht mehr zeigen. Sie will eine andere sein, ein neues Leben beginnen mit einem neuen Namen. Sie wird es nicht schaffen, ihre jüdische Identität ganz abzulegen. Dennoch wird sie darauf achten, dass man sie nicht mehr so leicht erkennt.

Prenzlauer Allee, Berlin 2003. Mieter einer Dachgeschosswohnung werden von seiten der Hausverwaltung gedrängt,

---

* Zniut: Sittsamkeit, Bescheidenheit
** Mesusa: Schriftkapsel an jüdischen Wohnungs- und Haustürpfosten
*** Mesusot: Mehrzahl von Mesusa

die »judenfreundliche Flagge« – gemeint ist eine Israelflagge – abzunehmen. Besucher anderer Mieter hätten Angst, das Haus zu betreten. Im Zuge des Irakkrieges ist es inzwischen zu israelfeindlichen Graffiti an der Hauswand gekommen. Die Mieter suchen sich eine andere Wohnung und kündigen. Die Flagge hing schon vor dem Krieg am Balkon und störte da noch niemanden.

»Typisch Juden.
Ich hätte es gleich wissen müssen.«

Martha und Richard sagen eine Einladung ab. Sie ziehen um, sehr plötzlich. Erst vor zwei Jahren sind sie in ihre schöne Wohnung eingezogen. Auch sie zog es, wie viele, im Ruhestand nach Berlin. Näher bei den Kindern, den Enkeln. Nun plötzlich der Umzug. Es habe Probleme gegeben, sagen sie zunächst unbestimmt. Der Vermieter wurde gebeten, etwas zu reparieren. Er war selten im Haus, selten im Land. Die Wohnung oben bewohnte er. Richard kümmerte sich liebevoll um den Garten und das Haus, während der Vermieter verreist war.

Nun war etwas entzweigegangen, der Vermieter vor Ort. Eine Lappalie nur. Schnell zu beheben. Dennoch weigerte er sich. Kommentierte das Ansinnen mit: »Typisch Juden. Ich hätte es gleich wissen müssen.« Martha und Richard haben ihre Mesusa nie draußen an der Tür angebracht. Sie haben die Chanukkia im Regal, die Schabbatleuchter, aber sonst? Ein ganz normales Paar in Deutschland. Sie haben den Vorfall nicht angezeigt. Wer sollte es bezeugen? Nichts ging in die Statistik ein. Nur ihr Gefühl blieb: In einem Haus mit solch einem Menschen konnten sie nicht länger leben. Sie suchten schnell eine neue Wohnung, kündigten sofort.

Jüdische Alltäglichkeiten. Begleiter bei jedem Umzug, jedem Mietvertrag, jedem Kennenlernen der Nachbarn. Die Angst.

Berlin 2014. Irgendetwas war anders, als ich meine Mutter besuchte. Am dunklen hohen Türrahmen ihrer Wohnung fehlte etwas: ihre Mesusa. Sie sah offensichtlich, dass ich kurz stutzte. Sie ist nicht religiös. Die Mesusot allerdings waren ihr immer wichtig. Sie erklärte, sie habe sie entfernt, da im Haus eine Wohnung frei geworden sei und »merkwürdige Leute« sich die Wohnung ansahen. Und überhaupt waren dadurch zu viele Fremde im Haus. Sie wollte nun abwarten, wer die Wohnung bekommt. Auch in der Wohnung selbst war die Mesusa weg. In letzter Zeit musste sie einige Handwerker empfangen – man wisse ja nie.

Der Glücksbringer an der Wohnung meiner Mutter war für den Moment weg. Ob er wieder aus der Schublade kommt. Wir werden sehen. Dennoch, ein denkwürdiges Zeichen.

Die Mesusa an der Wohnungstür ist bis heute nicht zurückgekehrt. Man weiß ja nie.

Berlin-Pankow 2013. Ein Brief der Hausverwaltung. Ich werde zum Mietergespräch gebeten. Man will vermitteln zwischen meiner Nachbarin und mir. Ich weiß nicht, um was es geht. Ich bin leise, arbeite den ganzen Tag bis spät. Bei der Hausverwaltungszentrale komme ich allein an. Die Nachbarin ist der Einladung nicht gefolgt. Ein Sachbearbeiter baut sich vor mir auf.

»Wir haben Beschwerden über Sie erhalten.«

»Das habe ich vermutet, schließlich sollte das ein Gespräch mit Frau S. sein. Sie ist nun nicht da. Hat sich noch jemand beschwert?«

»Nein, wir haben in Ihrem Aufgang und im Nebenaufgang die Mieter befragt. Niemand sonst hat Anlass zur Beschwerde.

Der Hausmeister hat gesagt, dass es keine Probleme gibt, nur, dass Sie tagsüber selten da sind.«

»Warum bin ich dann jetzt hier? Ich weiß, dass Frau S. ein Problem mit mir hat. Bis auf ein Mal hat sie allerdings nicht mit mir gesprochen. Das Problem mit der lauten Waschmaschine ist gelöst. Ich vermute allerdings, dass sie diejenige war, die meine Mutter in meinem Urlaub auf der Straße verbal angegriffen hat. Meine Mutter ist herzkrank und wusste gar nicht, was ihr da passierte. Frau S. hat sie immer wieder angebrüllt, dass sie mich anzeigen will. Weshalb, weiß ich nicht.«

»Das kann ich Ihnen sagen. Sie haben ausländischen Besuch!«

»Ja, und? Was ist das Problem? Ich kann befreundet sein, mit wem ich will, und zu Besuch haben, wen ich will.«

»Nicht, wenn Sie zur Arbeit gehen.«

»Wie bitte? Werfen Sie Ihren Besuch morgens um halb sieben aus der Wohnung, wenn Sie arbeiten müssen?«

Keine Antwort.

»Ich will das jetzt wissen. Steht irgendwo in der Hausordnung, dass ich Besuch nur in meiner Anwesenheit in der Wohnung haben darf?«

»Nein, das nicht. Aber Ausländer!«

»Was ist mit Ausländern?«

»Die verstehen ja nichts, wenn man was will.«

»Was sollte man denn von ihnen wollen? Herr W., der Hausmeister, hat meine Handynummer, damit er mich anrufen kann, wenn was ist.«

»Ich will Ihnen nur freundlich sagen, wenn das wieder vorkommt, werden wir Konsequenzen ziehen müssen. Treffen Sie sich mit Ihren Bekannten eben einfach woanders.«

»Und ich will Ihnen nur freundlich sagen, dass eine Hausverwaltung im Landeseigentum mir wohl kaum vorschreiben kann, wen ich in meiner Wohnung empfange und welche Sprachen dort gesprochen werden.«

Ich nehme meine Sachen und verlasse das Büro. Meine Knie zittern. In diesem Moment ahne ich, dass es gut ist, die Mesusa nicht an meiner Tür zu haben. Was wäre gewesen, hätte diese Nachbarin gewusst, dass ich Jüdin bin? Ich denke an die Denunziationsanzeige, die im Jüdischen Museum ausgestellt ist, in der eine Nachbarin eine Jüdin anzeigte, weil sie nie richtig gegrüßt habe:*

Denunziationsbrief von Ilse S. an die Gestapo in Berlin

Berlin, Passauer Str. 38, 07.08.1943

»Eilt. Judensache / Möchte Ihnen eine wichtige Mitteilung machen, wegen einer Jüdin. Ich habe nämlich seit einiger Zeit bemerkt, das sich eine Jüdsche heimlich bei Leute hier im Hause verstekt und ohne Stern geht. / Es ist die Jüdin Blumenfeld, die sich bei der Frau Reichert Berlin W. Passauerstrasse 38 vorn 3 Treppen heimlich versteckt. / So was muss doch sofort unterbunden werden, schicken Sie mal gleich früh so um 7 Uhr einen Beamten und lassen dieses Weib abholen. / Diese Jüdin war früher wie sie hier im Hause wohnte immer frech und hochnäsig. Sie müssen aber schnell machen sonst verschwindet sie vielleicht wo anders hin. / Heil Hitler«

Zwei Wochen später geht meine Kündigung an die Hausverwaltung raus. Ich kann nicht mehr dort leben.

---

* Quelle: Brandenburgisches Landeshauptarchiv Pr. Br. Rep. 12 B Staatsanwaltschaft bei dem Sondergericht Berlin

Hamburg, April 2018. Dolly ist Jahrgang 1972. Sie ist erstmals im Wohlstandsviertel Harvestehude/Hamburg mit deutschbürgerlichem Antisemitismus in Kontakt gekommen. Es ist eine Wohnung frei, 170 Quadratmeter für 2700 Euro. Der Makler sagt offen und direkt: »Die Besitzerin vermietet nicht an Juden.«

»Ja, dann bringt doch keine Kapsel an der Tür an,
dann weiß es niemand.«

Ja. Es gibt ihn, den deutschen Antisemitismus! Erzähle ich davon, wird mir entgegnet: »Ja, dann bringt doch keine Kapsel an der Tür an, dann weiß es niemand.«

Alte Symbole, die für Juden so selbstverständlich sind, die so friedlich sind, gehen verloren, weil die Menschen Angst haben, Angst vor Reaktionen, die sie nicht auslösen möchten. Nicht auslösen sollten. Eine kleine Kapsel an der Tür, in der sich nichts weiter befindet als ein kleines Stück Pergament mit ein paar hebräischen Zeichen. Die Mesusa, das Zeichen an der Tür, das Zeichen eines Zuhauses, eines vielleicht sicheren Ortes, das Zeichen dafür, dass da Menschen leben, die wissen, wie du fühlst, sie verschwindet immer mehr und damit auch ein Stück einer Kultur.

»Das wird man ja wohl noch sagen dürfen«

Bundestagswahlkampf 2002. Jürgen Möllemann will seine Partei, die FDP, auf 18 Prozent bringen. Sein persönlicher Wahlkampf wird unterstrichen durch den Slogan »Klartext. Mut. Möllemann«. Seit 1972 ist er Mitglied des Deutschen Bundestages. Bereits 1979 fällt er nach einem Besuch Jassir Arafats auf, da er Israel des »staatlichen Terrorismus« bezichtigt. Zwei Jahre später wird er Präsident der Deutsch-Arabischen Gesellschaft. In dieser Zeit befürwortet er Waffenlieferungen an Saudi-Arabien.

Möllemann als Friedensretter im Nahen Osten

Als Wirtschaftsminister stolpert Möllemann 1992/93 das erste Mal über die sogenannte Briefbogenaffäre, das Werben auf offiziellem Briefpapier für die Produkte eines Familienangehörigen. Er muss zurücktreten. Aufgrund seiner Wahlerfolge in Nordrhein-Westfalen traut man ihm dennoch im Jahr 2001 das von ihm ins Leben gerufene »Projekt 18« zu und hofft so, die FDP zu einer Volkspartei von Gewicht im Bundestag machen zu können. Im Zuge dieses Wahlkampfes lässt er Millionen Werbeflyer an nordrhein-westfälische Haushalte verteilen. Das Hauptthema dieser Flyer lautet: Ariel Sharon und Michel Friedman verhindern den Frieden im Nahen Osten. Auf dem Faltblatt sieht man Jürgen W. Möllemann, darunter den damaligen Ministerpräsidenten Israels, Ariel Sharon, laut Blatt lehnt dieser »einen eigenen Palästinenser-Staat ab. Seine Regierung schickt Panzer in Flüchtlingslager und missachtet

Entscheidungen des UNO-Sicherheitsrates.« Daneben ein Foto von Michel Friedman, der »das Vorgehen der Sharon-Regierung (verteidigt). Er versucht Sharon-Kritiker Jürgen W. Möllemann als ›anti-israelisch‹ und ›antisemitisch‹ abzustempeln.«

Möllemann geriert sich als Friedensretter im Nahen Osten, da er »sich seit langem beharrlich für eine friedliche Lösung des Nahost-Konfliktes« einsetze; er werde sich von »diesen Attacken unbeeindruckt [...] auch weiterhin engagiert für eine Friedenslösung einsetzen, die beiden Seiten gerecht wird. Denn nur so kann die Gefahr eines Krieges im Nahen Osten gebannt werden, in den auch unser Land schnell hineingezogen werden könnte.«

Zu diesem Zeitpunkt ist die sogenannte Zweite Intifada in vollem Gange. Der bewusst provozierende Besuch des Tempelberges durch Ariel Sharon im September 2000 wird auf palästinensischer Seite mit einer Serie von Selbstmordattentaten in Israel beantwortet. Möllemann nimmt auf seinem Flugblatt vermutlich Bezug auf den Einmarsch der israelischen Armee in Dschenin im April 2002, bei dem von Kriegsverbrechen und Verbrechen gegen die Menschlichkeit seitens der israelischen Armee ausgegangen wird. Man spricht von 500 Toten auf palästinensischer Seite. Ein Bericht der UNO stellt im August 2002 fest, dass 52 Opfer bestätigt werden konnten, jedes zweite Opfer war zivil. Im Bericht werden sowohl die israelische Seite, die durch Abriegelung verhinderte, dass medizinische Hilfe zu den Zivilisten gelangen konnte, kritisiert als auch die palästinensische Seite, die ihre Kämpfer und Ausrüstungen gezielt in Wohngebieten platzierte und so zivile Opfer riskierte.

Möllemanns Flyer ist ein Wahlkampfflyer – eigentliche Wahlkampfthemen werden aber nur in knappen Punkten aufgelistet: weniger Steuern und Bürokratie, mehr Arbeitsplätze für den Mittelstand, mehr Lehrer und kleinere Klassen. Es ist das erste Mal, dass ein deutscher Politiker die Geschehnisse in anderen Ländern und seine offene Abneigung gegen zwei Juden zum Wahlkampfthema macht.

Dem vorausgegangen waren Äußerungen des grünen Landtagsabgeordneten Jamal Karsli, ebenfalls im Jahr 2002. Karsli wurde in Syrien geboren, kam 1980 nach Deutschland und studierte in Bochum und Dortmund. Die deutsche Staatsangehörigkeit erhielt er 1985, acht Jahre später zog er für die Grünen in den nordrhein-westfälischen Landtag ein. In dieser Funktion äußerte Karsli sich im März 2002 in einer Presseerklärung über die »Nazi-Methoden« der israelischen Armee. Er mahnte die Deutschen, dass sie gerade wegen ihrer Geschichte eine Sensibilität aufbringen sollten für ein »unschuldiges Volk«, das »den Nazi-Methoden einer rücksichtslosen Militärmacht schutzlos ausgeliefert ist«.

Karsli und der Antisemitismusstreit

Karsli war kein Unbekannter in Sachen Ausfälle. Einen Besuch im Irak auf Einladung von Saddam Hussein und darauf folgende positive Berichte verzieh man dem Politiker trotz Protesten von Menschenrechtsorganisationen. Über seine fortschreitende Radikalisierung und den offenen Antisemitismus auf seiner Webseite berichteten später Wegbegleiter. Karsli nahm 2002 Kontakt zu Möllemann auf, den er durch die eigene »Israelkritik« auf gleicher Linie sah. Er kam dem Rauswurf bei den Grünen zuvor und hoffte auf eine Karriere in der FDP.

Möllemann schien ihn mit offenen Armen aufzunehmen. In den Reihen der FDP stieß die Personalie Karsli allerdings auf Widerstand. Jürgen Möllemann fühlte sich bemüßigt, im April 2002 in der *tageszeitung* die palästinensischen Selbstmordattentate folgendermaßen zu kommentieren: »Was würde man denn selber tun, wenn Deutschland besetzt würde? Ich würde mich auch wehren, und zwar mit Gewalt. Ich bin Fallschirmjägeroffizier der Reserve. Es wäre dann meine Aufgabe, mich zu wehren. Und ich würde das nicht nur im eigenen Land tun, sondern auch im Land des Aggressors.«

Am 3. Mai 2002, vier Tage nach seinem Eintritt in die FDP, schrieb Jamal Karsli in der *Jungen Freiheit:* »Man muss zugestehen, dass der Einfluss der zionistischen Lobby sehr groß ist: Sie hat den größten Teil der Medienmacht in der Welt inne und kann jede auch noch so bedeutende Persönlichkeit ›klein‹ kriegen. Denken Sie nur an Präsident Clinton und die Monica-Lewinsky-Affäre. Vor dieser Macht haben die Menschen in Deutschland verständlicherweise Angst.« Später sollte Karsli behaupten, er wusste nicht, mit welchem Blatt er sprach.

Karsli klagte gegen Paul Spiegel, den Vorsitzenden des Zentralrats der Juden, und gegen Michel Friedman, den Stellvertreter Spiegels, weil sie ihm antisemitische Äußerungen vorgeworfen hatten. Das Gericht sah es als erwiesen an, dass Karsli den erhobenen Antisemitismusvorwurf selbst herausgefordert habe, er müsse diesen nach seinen Äußerungen ertragen. Karsli kündigte noch im Gerichtssaal Revision an und sprach sich dafür aus, den Begriff »Antisemitismus« verbieten zu lassen.

Möllemann kommentiert den Antisemitismusstreit mit: »Ich fürchte, dass kaum jemand den Antisemiten, die es in Deutschland gibt, leider, die wir bekämpfen müssen, mehr Zulauf verschafft hat, als Herr Sharon und in Deutschland ein Herr Friedman mit seiner intoleranten und gehässigen Art.«

Bis heute ist der Satz »Aber der Zentralrat hat gesagt ...« beliebt, um die jüdische Position ins Lächerliche zu ziehen. Gern, wenn man eine offensichtlich andere Meinung vertritt, wie es nun mal dann und wann der Fall ist. Der Zentralrat der Juden in Deutschland »vertritt (die) politische(n) und gesellschaftliche(n) Interessen (der jüdischen Gemeinden und ihrer Mitglieder). Er ist für die Politik auf Bundes- und Länderebene Ansprechpartner für alle Themen, die die jüdische Gemeinschaft betreffen« – das lässt sich der Webseite zu den Aufgaben des Zentralrats entnehmen. Er ist ein Ansprechpartner! Im Spektrum jüdischer Menschen gibt es noch viele andere Stimmen, die Vertreter des Zentralrats sind nicht die einzige jüdische Stimme in diesem Land. Menschen, die sich im Zentralrat engagieren, setzen ihr Privatleben und ihre Sicherheit aufs Spiel, ihnen ist kein unbeschwertes Leben möglich, denn es ist damals wie heute nicht ungefährlich, Jüdin und Jude zu sein – besonders in so exponierter Position.

Fast scheint es also, als habe man 2002 auf eine Äußerung des Zentralrates, der von außen nie als Organisation, sondern stets als eigene tonangebende Person gesehen wird, der sich alle Jüdinnen und Juden unterzuordnen haben, gewartet.

Möllemann kämpft weiter, die FDP bricht bei den Bundestagswahlen 2002 jedoch ein. Statt der angestrebten 18 Prozent sind es nur 7,4 Prozent. Das Flugblatt des Jürgen W. Möllemann ist inzwischen zu einer Finanzierungsaffäre geworden. Es geht nicht mehr um den Inhalt, nur noch um die Bezahlung. Möllemann tritt im Oktober 2002 von allen Ämtern zurück. Wird wieder Ruhe einkehren?

Ab 2002 dokumentiert die Amadeu Antonio Stiftung kontinuierlich mithilfe von Zeitungsartikeln und Meldungen, die ihr zugehen, antisemitische Vorfälle im Land. Für 2002 sprechen die Zeitungen von 39 Übergriffen, darunter Schändungen von Denkmalen, Friedhöfen und physische Angriffe auf Jüdinnen und Juden auf deutschen Straßen. Man darf davon ausgehen, dass es weit mehr waren, die es nicht in die Medien geschafft haben. Die vielleicht nicht einmal angezeigt wurden. Aus Scham? Aus Hilflosigkeit? Oder einfach nur aus dem Gefühl, es würde nichts ändern? Der Hass, der noch nicht öffentlich als Hass, als Antisemitismus benannt wird, er schlägt sich nieder in diesen Zeitungsnotizen. Kaum wahrgenommen von der Öffentlichkeit.

Ich versuche, all das zu verdrängen. Einzelfälle. Sicherlich. Mir ist auf Berlins Straßen nie etwas geschehen. Egal, wo. Auf Berlins Straßen, auf denen man nicht sieht, dass ich Jüdin bin. Vielleicht das eine oder andere Zeichen an meiner Kleidung könnte es zeigen, wenn man es zu deuten wüsste. Ich bin eine Berlinerin unter vielen. Ich fühle mich sicher. Es ist meine Stadt, in der jeder frei leben kann. Ich zweifle nicht. Ich glaube an unsere Demokratie, ich glaube daran, dass der Judenhass überwunden ist, dass auch diese 39 Übergriffe Extreme sind, Extreme getragen durch dieses »Man wird ja wohl noch sagen dürfen …«. Dürfen darf man viel, doch geht es darum, dass das Gesagte die Menschenwürde achtet.

»Nun ja, es hat ja wohl einen Grund gegeben,
warum die Juden immer verfolgt werden.«

Man sollte meinen, dies sei eine Episode gewesen, eine auf Nordrhein-Westfalen beschränkte Kampagne. Die Stimmung allerdings veränderte sich anschließend im gesamten Land und auch im Jüdischen Museum, in dem ich noch immer arbeitete.

»Das wird man ja wohl noch sagen dürfen« wird einer der häufigsten Sätze, die ich zu hören bekomme. Fast scheint es, als fühlten sich die Menschen befreit von einer Last. Als hätte es ein Sprechverbot gegeben. Immer wieder frage ich mich, wer das auferlegt haben soll? Und warum Menschen sich nicht zunächst selbst hinterfragen, bevor sie mit rassistischen Gedanken liebäugeln? Es ist der Beginn der Inszenierung eines vermeintlichen Tabubruchs ohne Tabu.

Ich höre Sätze wie »Nun ja, es hat ja wohl einen Grund gegeben, warum die Juden immer verfolgt werden«. Juden seien bereits bei den Ägyptern gekennzeichnet worden, sie würden sich selbst abgrenzen, um in ihren eigenen Städten zu leben, sie ließen niemanden übertreten, sie weigerten sich, das Essen der Nichtjuden zu sich zu nehmen. Juden seien zu widerspenstig, schon immer gewesen, und dadurch würden sie Hass provozieren. Sie seien trotz Inquisition und Reformation nicht zu Christen geworden, hätten vor dem Zweiten Weltkrieg eben zu viel Einfluss gehabt.

Ein Besucher des Jüdischen Museums sagt: »Wo Rauch ist, ist auch Feuer. Es muss ja einen Grund gegeben haben, sonst passiert das alles nicht.«

Mehr als 15 Jahre später gebe ich der *Zeit* ein Interview, und ein Twitterer kommentiert: »Wenn man solang gemobbt wird wie die Juden, kann man sich schon mal fragen, ob es an einem selbst liegt und nicht an anderen.«

Während der Zweiten Intifada (2002–2005) hört man in den Nachrichten von den Angriffen Israels auf seinen Nachbarn. Nur im Nebensatz, wenn überhaupt, ist von den Selbstmordattentätern, den Raketen auf israelische Dörfer und Städte, die den israelischen Angriffen vorausgegangen waren, die Rede.

Das Institut für Linguistik der TU Berlin analysiert während des Gaza-Konflikts 2012 400 Schlagzeilen. Drei Viertel zeigen Israel als Aggressor.

Dies ist der Zeitpunkt, ab dem sich auch die Reaktionen für mich und auf mein Jüdischsein stark ändern. Ich werde weniger häufig mit diesen seltsamen Abbittegesuchen für die Taten der Großeltern konfrontiert, sondern immer mehr auf Israel angesprochen und darauf, was »wir« im Nahen Osten tun.

Was tun wir dort? Ich bin Berlinerin, meine Familie kommt aus Deutschland, ich habe nicht einmal Verwandte in Israel. Doch es geht nicht um mich. Ich werde in den Augen anderer nur mehr und mehr zur Vertreterin eines Staates, dem sie mit einem immer größeren Hass begegnen. Ein Land, das sie oft nicht kennen, nie besucht haben. Von dem sie meinen, alles zu wissen. Ein Land, wie es diverser kaum sein kann. Ein Einwanderungsland, in dem Menschen aus allen Regionen der Welt miteinander leben – und vielleicht kann man es auch als ein Land voller Flüchtlinge betrachten.

Ich höre mir all das Schimpfen und die Wut an und sehe Erleichterung in den Gesichtern der Menschen, wenn sie »endlich etwas sagen dürfen« gegen Juden und ihren Staat.

Ab 2002 werden die Tage im Museum anstrengender. Darauf, dass wir mit so vielen Vorurteilen und Antisemitismus konfrontiert werden würden, hatte uns niemand vorbereitet, es hat wohl auch niemand damit gerechnet. In den Pausen sprechen wir über die Erlebnisse. Inzwischen wurde eingeführt, dass wir nach zu stressigen Situationen für ein paar Minuten abgelöst werden. Wir müssen professionell bleiben in einer Situation, in der die Professionalität und das freundliche Gesicht kaum noch zu wahren sind.

»Ihr Juden gebt einfach keine Ruhe … Ihr lebt auf Kosten
Deutschlands und gebt überall den Ton an.«

An einem Montagabend, das Jüdische Museum hat bis 22 Uhr geöffnet, ist es ruhig. Ich habe Dienst in den sogenannten Achsen, dem Übergang vom Altbau in den Neubau mit seiner Ausstellung. Die Wege dort, die Achsen, kreuzen sich. Es ist ein Bereich voller Symbolik. Die Achse der Kontinuität, die in die Ausstellung führt, die des Exils, die in den Garten des Exils und in das Licht führt und die des Holocausts, die zum Holocaustturm in die Dunkelheit führt. An diesem Abend arbeite ich am Turm. Meine Aufgabe hier ist es, den Besuchern die Tür zu öffnen, darauf zu achten, dass niemand auf den schrägen Böden stürzt, und oft, sehr oft tröste ich hier Menschen, denen der Besuch im Turm zu viel wurde. Es macht dabei keinen Unterschied, ob es jüdische oder nichtjüdische Menschen sind. An diesem stillen dunklen Ort passiert etwas – mit jedem.

Ein älteres Paar kommt die Achse hoch, niemand sonst befindet sich dort. Es ist still. Sie schauen sich die Objekte in den Vitrinen an. Dinge, die von Berliner Juden zurückgelassen wurden, Dinge, die ihre Besitzer überlebten. Der Teddybär. Die Violine. Das Tuch, das die Mutter ihrem Kind auf den Weg ins Exil mitgab. Bei mir angelangt, biete ich dem Paar an, ihnen die schwere Tür zum Turm zu öffnen. Der Mann wiegelt ab. »Nein, nein, das brauchen wir nicht.« Und dann ein Stakkato: »Warum lasst ihr Juden die Deutschen nicht endlich in Ruhe? Die Deutschen haben auch Menschen verloren, Menschen sind gestorben, es gab Verluste auch bei uns. Aber ihr Juden gebt einfach keine Ruhe, ihr fordert nur, und fordert und fordert. Ihr lebt auf Kosten Deutschlands und gebt überall den Ton an. Ihr habt das Sagen in der Politik, ihr habt alles unterwandert und macht euch jetzt mit der Schuld der Deutschen ein schönes Leben.«

Der Mann macht mir Angst. Er ist einen Kopf größer als ich, drahtig und kommt mir unangenehm nah. Ich versuche, etwas zu entgegnen. Versuche, abzulenken, ihn darauf aufmerksam zu machen, dass ihnen nicht mehr so viel Zeit bleibt für die Ausstellung und dass sie doch deshalb hier seien. Er lässt mich kaum ausreden. Meine vermutlich verzweifelten, Hilfe suchenden Blicke zur Frau werden ignoriert. Ich befinde mich in einer Wolke, die grau und dunkel ist wie die Wand hinter mir, gegen die er mich drängt. In mir steigen Bilder auf, die jüngere Version dieses Mannes, in Uniform mit roter Armbinde und Hakenkreuz.

Endlich ein Funkspruch: Rotation. Das heißt, ich werde abgelöst, gehe auf eine andere Position. Vorn um die Ecke kommt mein Kollege. Ich sage dem Paar, dass ich jetzt gehen muss. Auf dem Weg zur neuen Position bitte ich um ein paar Minuten Pause. Schildere kurz, was passiert ist. Im Garten des Exils versuche ich, etwas zur Ruhe zu kommen, und gehe dann zurück zur Arbeit. Kaum an der neuen Position angekommen, nähert sich mir das Paar wieder. Der Mann versucht erneut, auf mich einzudringen. Irgendwie schaffe ich es, dass sie doch noch nach oben in die Ausstellung gehen. Mein Kollege, der jetzt am Turm steht, wurde offensichtlich ebenfalls von dem Mann beschimpft. Ich höre, wie er an die anderen Kollegen eine Beschreibung durchfunkt und das Thema beschreibt. So sind wenigstens die anderen vorbereitet. Ich habe am Abend immer noch wackelige Beine.

Ich hoffe auf eine Normalisierung, denke, dass das Einzelfälle sind. Dass Menschen dieses Museum gezielt aussuchen, um sich in irgendeiner Art und Weise zu äußern. Dass es aber ein Museum der deutsch-jüdischen Geschichte ist, dass es eine

Bundesstiftung ist und weder der jüdischen Gemeinde noch dem Zentralrat gehört, muss ich in diesen Tagen öfter erklären.

Ich halte mich fest an den schönen Erlebnissen mit den Besuchern, an den Gesprächen, dem Lächeln, dem Interesse und vor allem dem Satz »Das wusste ich noch gar nicht, danke!«.

Ich tröste eine Besucherin, die in Tränen aufgelöst vor einem Abbild der Judensau an der Wittenberger Kirche steht. Sie hat hier zum ersten Mal über Luthers »Von den Juden und ihren Lügen« und seinen Auswirkungen gelesen. Sie schämt sich. Gerade sei sie Christin geworden und habe davon nichts gewusst. Ihre Emotionalität nimmt mich mit. Begleitet mich bis heute und tut mir selbst weh. Dass der Antisemitismus nicht von den Nazis erfunden wurde, scheint nicht allzu bekannt zu sein. Immer wieder staune ich, wie wenig eigentlich von der jüdischen Religion, von ihrer Geschichte auf dem Gebiet Deutschlands bekannt ist, wie viel falsch ausgelegt wird, wie wenig jüdische Stimmen auch heute gehört werden. Als gäbe es sie nicht mehr.

Mit einer Gruppe muslimischer Besucher begebe ich mich auf eine gemeinsame geschichtliche Tour, zu Abraham, unserem gemeinsamen Urvater. Es ist ein ausgesprochen angenehmes, bereicherndes Gespräch. Mit Schmunzeln beobachte ich, wie vornehmlich Männer sehr schnell an der Vitrine mit Beschneidungsinstrumenten vorübergehen. Die großen Augen über die bunten Kippot, die mit Batman- und San-Francisco-49'ers-Symbolen so gar nicht dem entsprechen, was man sich als religiöse Zeichen vorstellt. Ich träume selbst davon, dass man hier in Deutschland so ganz normal und selbstverständlich die blauen und roten Küchenutensilien und Markierungen kaufen könnte, um die milchigen und fleischigen Speisen, Geschirre etc. unterscheiden zu können. In Deutschland scheinen wir in allen jüdischen Devotionalien ein Entwicklungsland zu sein. Hier im Jüdischen Museum sieht man, dass es auch anders gehen kann, dass es mal anders war.

In demselben Bereich befindet sich die Wand der Gemälde aus jüdischen Haushalten. Die Fotos der Menschen, die einst selbstverständlich mehr oder weniger jüdisch in Deutschland lebten. An einem Tag, an dem ich hier arbeite, kommt eine Dame auf mich zu und fragt mich konkret nach einem Bild. Sie ist sehr aufgeregt: »Ich kenne das Bild aus meiner Kindheit! Ich wusste nicht, dass es hier ist.« Es ist das Porträt der Familie Mannheimer. Ein Familienporträt, bei dem man nur durch sehr versteckte Codes erkennen kann, dass es sich um eine jüdische Familie handelt. Es ist eine typische Darstellung einer biedermeierlichen Familie. Wegen seiner Lebendigkeit ist es eines meiner Lieblingsbilder.

An solchen Tagen gehe ich beschwingt nach Hause. Den kleinen silbernen Davidstern, den ich um den Hals trage, zeige ich allerdings nicht mehr öffentlich. Nachdem im selben Jahr, im April 2003, zwei Frauen am U-Bahnhof Neukölln wegen einer Davidsternkette von »südländisch aussehende« jungen Männern geschlagen wurden und nur einen Monat später auf der Straße eine Frau wegen ihrer Kippa von libanesischen Jugendlichen beschimpft und beleidigt wurde, bin ich vorsichtiger. Ein Brandanschlag auf die Synagoge Fraenkelufer im Jahr 2000, diverse Hakenkreuzschmierereien auf Denkmalen sind das Bild, das Berlin und Deutschland im Zusammenhang mit Juden gibt. Trauriger Höhepunkt ist wohl der Mord an Marinus Schöberl in der Uckermark, der im Jahr 2002 von seinen Peinigern unter Folter gezwungen wird, zuzugeben, dass er Jude ist. Der junge Mann wird ermordet und in einer Jauchegrube versenkt, weil er laut den Tätern nicht nach ihrem Geschmack gekleidet war.

»Ich bin kein Antisemit, aber ...« – Leserbriefe und Beschwerde-Mails

Etwa ein Jahr nach der Eröffnung des Jüdischen Museums in Berlin und eine Woche nach der Bundestagswahl 2002 beginnt die Ausstellung »Ich bin kein Antisemit«. Nach der Karsli- und Möllemann-Affäre ist das Mitteilungsbedürfnis einiger Bürgerinnen und Bürger überdurchschnittlich groß. Wann immer vermeintliche Tabus gebrochen wurden, wie gerade durch Jamal Karsli und Jürgen W. Möllemann, scheuen sie keine Mühen, ihre Meinung prominenten Juden und jüdischen Zeitungen mitzuteilen. Es ist die Zeit der Leserbriefe. Soziale Medien sind noch Zukunftsmusik. Der Kontakt zu den Medien und Persönlichkeiten erfolgt durch Briefe und E-Mails. Das Museum hat unter Cilly Kugelmann und Helmuth F. Braun gemeinsam mit Henryk M. Broder und der Redaktion der *Jüdischen Allgemeinen* eine Auswahl aus 350 dieser Zuschriften, die an sie gerichtet waren, getroffen, und diese werden nun ungeschwärzt in der Ausstellung, in Ordnern versammelt, ausgestellt.

Die Illusion, dass anonyme Schreiber die Verfasser seien, ist spätestens hier passé. Dennoch hält sich der Mythos bis heute. Mit Erstaunen wird immer wieder festgestellt, dass die Menschen gar mit vollem Titel und Anschrift, teils mit offiziellem Briefkopf der Firma und eben nicht anonym schreiben. Es sind auch Briefe von Menschen mit und ohne akademischem Titel. Antisemitismus ist also keine Frage der Bildung. Diese Menschen, die schreiben, schämen sich nicht ihrer Worte, und dennoch fangen sie oft an mit: »Ich bin kein Antisemit, aber ...«.

Von Fürsorge dem jüdischen Volk gegenüber ist zu lesen, es müsse doch sehen, dass es den Hass selbst provoziere. Man müsse es vor sich selbst warnen. Einzelne jüdische Personen, allen voran Henryk M. Broder und Michel Friedman, Marcel Reich-Ranicki oder Paul Spiegel, werden nicht gemocht und sollen daher zum Wohle anderer Jüdinnen und Juden mundtot gemacht werden. So heißt es in einer Zuschrift: »Aber gerade deswegen plädiere ich vehement dafür, den rassistischen ›Artenschutz‹ für prominente jüdische Mitbürger in Deutschland endlich aufzuheben!«, und in einer anderen: »Die Juden erweisen sich selber einen Bärendienst, wenn sie berechtigte Kritik an Einzelnen immer gleich voll als Antisemitismus beklagen.« Es sind die scheinbar ewigen Stereotype der Juden, die quasi vor sich selbst gerettet werden müssen.

In einem Leserbrief aus dem Sommer 2002 an den *Spiegel* als Reaktion auf den Artikel »Ein moderner Antisemit« von Henryk M. Broder heißt es:

»*Bin ich kein Demokrat, wenn mich die arrogante Art eines Herrn Friedman abstößt und ich den Fernseher ausschalte, sobald er seine Show abzieht? Hätte er überhaupt eine Showmöglichkeit, wenn er nicht im Zentralrat der Juden in Deutschland sitzen würde?*«

Hinter diesem Auszug, der im ersten Moment die klassische Abneigung gegenüber einer Person sichtbar macht, steckt aber noch etwas: der scheinbar unerschütterliche Glaube, Juden hätten eine besondere Macht innerhalb der Medienlandschaft. Michel Friedman wird abgesprochen, als Journalist einen Namen zu haben und durch Arbeit an seine Position gekommen zu sein oder dass sein provokantes Auftreten im Sinne der Einschaltquoten von den Sendern geschätzt wird.

*»Wenn der Zentralrat der Juden hüstelt, machen sich die Deut-
schen in die Hosen. Warum eigentlich? Nur weil vor 60 Jahren
ein Psychopath total verrückt spielte? ›Mölli‹ hat schon Recht:
Der pomadige Michel Friedman spielt sich überall als König auf
und mischt sich in alles und jedes ein, lässt aber an sich selbst
keine Kritik zu. Reich-Ranicki zerfleischt hemmungslos Schrift-
steller, die ihm nicht in den Kram passen …«* Sommer 2002 an
die *Jüdische Allgemeine*, 23 Unterschriften

Das ist gleich ein Rundumschlag der »irgendwie in den Medi-
en involvierten« jüdischen Menschen. Der Zentralrat wird
scheinbar, auch heute noch, als eine Art geheime Regierung
wahrgenommen, der auf allen Bereichen die Fäden zieht, die
Regierung, die Medien, überhaupt die gesamte Bundesrepublik steuert.

*»[Ich bin] bestimmt kein Antisemit, aber auch keiner, der sich
glauben machen lässt, aufgrund der deutschen Vergangenheit
so krumm wie ein Häkchen und kritiklos durch die Welt gehen
zu müssen, (ohne Kritik) an dem israelischen Expansionstrieb
bzw. Faschismus der jüdischen Hochfinanz.«* Mai 2002 an die
Jüdische Allgemeine

Deutsche stilisieren sich als Opfer deutscher Erinnerungskul-
tur. Aber wofür machen wir Erinnerungsarbeit? Geht es nicht
viel mehr darum, selbst daraus zu lernen, Parallelen des Hasses und des Rassismus zu erkennen, zu sehen, was geschehen
kann, wenn wir wieder still sind, wir wieder nichts sagen? Er-
innerungskultur ist eben nicht dafür da, um zu denken: »So,
hier steht ein Denkmal, das reicht, wir müssen nicht mehr
darüber reden.« Im Gegenteil, steinerne Zeugnisse helfen
nichts, wenn wir nicht darüber sprechen, nicht aus dem, was
geschehen ist, lernen.

Wenn keine Besucher in der Ausstellung sind, lese ich in diesen Briefen. Briefe, deren Unverfrorenheit ich kaum fassen kann. Einige Zuschriften werden noch während der Ausstellung entfernt. Man hatte mit Klage wegen Veröffentlichung gedroht. Als die Ausstellung an weitere Orte in Deutschland wanderte, wurden die Namen und Adressen geschwärzt. Man ist kein Antisemit, beschimpft aber Menschen, droht ihnen – und will dann doch nicht mehr zu seinem Hass stehen.

Ganz in diesem Sinn verfasst auch der Publizist Abraham Melzer[*] einen Brief an das Jüdische Museum, in dem er die Ausstellung des Jüdischen Museums mit der Propagandaausstellung »Entartete Kunst« der Nazis gleichsetzt: »*Damals stellten die ›Deutschen‹ die entartete Kunst der Juden und ›Undeutschen‹ an den Pranger und heute stellen die ›Juden‹ die entarteten Briefe von ›Deutschen‹ an den Pranger, mit derselben Absicht wie von den Nazis gewollt, die Schreiber und Urheber dieser Mails und Briefe als ›entartet‹ zu diffamieren.*« Er beklagt, dass sein Persönlichkeitsrecht missachtet wurde, und im Weiteren: »*Sie* (das Jüdische Museum Berlin) *setzen sich über all diese Gesetze und Normen hinweg, als ob diese nicht für das ›Jüdische Museum‹ gemacht wurden und sie in diesem Land ›Narrenfreiheit‹ haben und jenseits von Gesetz und Ordnung stehen, weil Sie eben ein ›Jüdisches Museum‹ sind. Meinen Sie nicht auch, dass gerade eine solche Haltung mehr Antisemitismus verursachen könnte.*« Er beklagt weiterhin, dass Äußerungen, die in einem öffentlichen Diskussionsforum der FDP von ihm verfasst wurden, nun in der Ausstellung zu sehen sind, wie auch eine Nachricht an den *Spiegel,* wo er eine Ver-

---

[*] Zuletzt machte Abraham Melzer Schlagzeilen damit, dass er im Januar 2018 beim Landgericht München mit einer Klage gegen Charlotte Knobloch, Präsidentin der Israelitischen Kultusgemeinde München und Bayern, unterlag, in der er ihr untersagen wollte, ihn als »für seine antisemitischen Äußerungen regelrecht berüchtigt« zu bezeichnen.

öffentlichung erlaubt hatte. Er fordert das Museum auf, beide Briefe aus der Ausstellung zu entfernen, sonst würde er rechtliche Schritte einleiten.

Das Resultat seiner Aufforderung ist keineswegs die Entfernung seiner antisemitischen Kommentare. Dieser Brief wird ebenfalls Teil der Ausstellung.

In der Ausstellung beobachte ich die Gesichter der Menschen, die die Briefe lesen, sehe das Entsetzen, die Fassungslosigkeit. Ich frage mich, wie es mir ergehen würde, wenn ich solche Zuschriften bekäme. Wie wäre es, würde jeder Gang zum Briefkasten, jedes Öffnen des E-Mail-Postfachs mit der Befürchtung verbunden sein, so etwas lesen zu müssen. Den Hass auf Papier. Den Hass in Worten, Buchstaben. Die Nutzlosigkeit von Argumentation, weil man nicht zuhören will, weil man sein festes Bild hat. Ich beginne zu verstehen, warum Menschen, deren tägliches Leben davon begleitet wird, sensibler werden. Warum sie nicht mehr einfach so wegstecken können. Warum sie nicht mehr ignorieren können. Ich weiß, ich könnte es nicht. Das alles ertragen. Was ich damals noch nicht weiß: Ich werde es lernen müssen.

Es war diese eine kleine Ausstellung, die mich von allen Ausstellungen, die ich im Jüdischen Museum gesehen habe, am meisten getroffen hat. Die Briefe, die ich damals dort gelesen habe, und die Zuschriften, die ich heute bekomme, unterscheiden sich kaum.

Sätze wie die beiden folgenden begegnen mir seit den 2000ern immer wieder und immer öfter:

»Wo Rauch ist, ist auch Feuer.«
»Ja, aber einen Grund muss es ja geben,
dass man diese Menschen so hasst.«

Und auch heute sehe ich die entsetzten Augen der Menschen, wenn sie solche Sätze lesen. Wieder das Entsetzen, dass die Zuschriften selten anonym sind. Dass man weiß, wo die Verfasser wohnen, was sie von Beruf sind. Hat sich etwas geändert? Nichts hat sich geändert. Schlimmer ist es geworden, als ich es mir je hätte vorstellen können. Der Hass, egal, auf wen, ist gesellschaftsfähig geworden, und ich frage mich immer öfter: Was ist mit dieser Gesellschaft los?

In den letzten Jahren ist es immer leichter geworden für jede und jeden, scheinbar jede und jeden zu kontaktieren. Die unbegrenzte Freiheit des Internets hat auch den Hass, der bis dahin nur an Stammtischen zu Hause war, potenziert – er ist im Netz allgegenwärtig und für alle jederzeit zugänglich geworden.

»Lösch dich!« –
Der Hass im Internet

2008 startete ich den Blog irgendwiejuedisch.com. Ich schrieb über alles, was mir in den Sinn kam. Es ist eine Spurensuche, eine Suche nach meiner Identität, nach der Identität meiner Stadt. Über Antisemitismus wollte ich nicht schreiben. Direkte Konfrontationen umging ich, meine Stelle im Jüdischen Museum war ausgelaufen, und ich hoffte auf ein ganz normales Leben.

Zu diesem Zeitpunkt gab es in der deutsch-jüdischen Blogosphäre eine bunte Vielfalt schreibender Menschen. Von der jüdischen Großfamilie, die nach Schweden auswanderte und versuchte, in der Quasiwildnis ein jüdisches Leben zu leben, der jüdischen Ärztin, die über Medizinethik nachdachte, dem Teenager, der jüdische Feiertage erklärte, dem Rabbinatsstudenten, der über sein Studium schrieb, der Konvertitin, die über ihren Weg bis zur Auswanderung nach Israel und ihr Leben dort berichtete, der Jüdin in einer kleinen deutschen Stadt und einige mehr.

Es war die Hochzeit der Blogs. Ich sah mich als Teil eines Spektrums von Lebensentwürfen, Meinungen, religiösen Ausprägungen. Noch bis 2014 war ich von antisemitischen Zuschriften, im Gegensatz zu anderen Schreibenden, relativ verschont. Es gab nur vereinzelte Zuschriften, eine Moderation der Kommentare war nicht nötig.

Hasskommentare auf dem Blog
irgendwiejuedisch.com

Im August 2014, im Zuge der Anti-Israel-Demonstrationen auf Berlins Straßen, wo laut und unwidersprochen gefordert wurde, die »Juden ins Gas« zu schicken, schrieb ich einen Text über meine Gefühle im Angesicht dessen, was sich auf den Straßen abspielte.

Ich erhielt meine erste Hassmail:

»Warum es kein Aufschrei gibt? Ich kann es Ihnen sagen: Nirgendswo auf der Welt gibt es ein anderes Volk dass so verhasst ist wie ihr Juden. Es ist keine Angelegenheit seit 1933; schaut in die Geschichte. Es beginnt schon zur Zeiten Babylons und den alten Ägyptern. (...) Ihr Juden seit keine Menschen, sondern eine Krankheit, das man vermeiden muss. Die Welt vermisst Hitler, insbesondere die muslimische Welt. Der ganze Terror in den Muslimischen Ländern ist ein Produkt von euch Juden und diesen Drecks-Amerikanern, eine Horde Affen die geistlich nicht den Level eines Tieres erreicht hat. Eines Tages wird für euch Juden ein böses Erwachen geben, so dass ihr sogar Hitler um Hilfe bitten werdet.«

Daraufhin stellte ich auf Empfehlung der Polizei das System um. Bestimmte IP-Adressen wurden im Lauf der Zeit geblockt. Diese erste Mail war der Beginn einer Welle, die sich – auch gern mit akademischen Titeln und Anschriften versehen – nicht allzu stark von den Briefen unterscheidet, die das Jüdische Museum ausgestellt hatte.

Im Folgenden eine Auswahl aus den Zuschriften, die ich erhalte, willkürlich angeordnet, Rechtschreibung und Grammatik sind original wiedergegeben:

»Ich hasse Juden«

»Wir verachtet hier wen? Es ist doch so das Juden uns Deutsche verachten, verhöhnen, beleidigen und schlimmeres. Völlig straflos. Aber kritisiere einen Juden und du verlierst deinen Job. Das ist die Wirklichkeit. Ihr kommt hierher in unser Land und verändert mit eurer Macht unsere Gesetze zu euren Gunsten.

Wir haben eigentlich moralische Gesetze wie wir mit Tieren umgehen. Diese widerliche Schaechterei z.B. Aber es sind ja immer die anderen Schuld gell? Und lasst Eure Finger von unseren Kindern verdammt noch mal!!!«

»Juden sind Scheisse«

»Heil Hitler«

»Das Nie wieder sollte für die Juden gelten. Ihr habt uns Deutsche 70 Jahre lang erzählt das wir für den 2. Weltkrieg schuldig sind. Das ist eine Lüge. (…) Wir erwarten eine Richtigstellung der Geschichte und wie ihr gedenkt fuer die Schäden aufzukommen, die Ihr durch Eure Luegen dem deutschen Volk verursacht habt.«

»Jeder der nicht Christ ist sollte sich löschen und erhängen«

»(W)enn man solang gemobbt wird wie die Juden kann man sich schon mal fragen, ob es an einem selbst liegen und nicht an anderen.«

»Der Zug nach Auschwitz wartet.«

»Hör doch endlich auf, zu schreiben und lass uns in Frieden.«

*»(D)umme Leute duze ich grundsätzlich. Und kleine Pissnelken,
die sich moralisch überlegen vorkommen stecke ich in Listen.«*

»Juden sind krank.«

Was machen diese Nachrichten mit einem? Was machen sie
mit mir über die Jahre? Sie verstören. Sie lassen mich nicht
mehr unvoreingenommen auf Menschen zugehen. Es ist wie
mit Mückenstichen, die man am Anfang kaum merkt. Doch
mit der Zeit beginnen sie wehzutun, jeder einzelne Stich wird
zur Qual. Die vermeintlichen sicheren Häfen, in denen Vorur-
teilsfreiheit herrscht, gibt es nicht. Ich weiß durch die Unter-
zeichnenden, durch die Absender, dass es eben nicht nur die
sogenannten Unterprivilegierten sind, die antisemitisch denken, es sind nicht nur die Bildungsfernen, es sind nicht nur
die Zugewanderten. Antisemitismus gibt es überall, in allen
Gesellschaftsschichten, allen Altersstufen, allen Einkommens-
klassen, allen Bildungsgraden. Nichts ist ein Garant, davor
gefeit zu sein. Die Unfähigkeit, den eigenen Hass zu reflektie-
ren, aber findet sich meiner Erfahrung nach vor allem bei den
sogenannten Eliten. Sie stehen per se auf der »richtigen« Seite,
meinen, sie haben das Sagen in diesem Land und können
schon qua Kontostand nicht falschliegen. Sie erklären gern in
»gebildetem« Geschwurbel, »was Judentum ist«, sehen nicht,
welche Klischees sie bedienen, und wähnen sich sicher: Der
Antisemitismus, der ist bei den anderen.

2018, 15 Jahre nach der Ausstellung »Ich bin kein Antisemit«,
bin ich in einer Situation, in der ich mich oft frage, ob ich
paranoid geworden bin, ob ich einfach zu viel dieser Post erhalten und gelesen habe, ob ich mir schon zu viele dumme
Nebenbemerkungen angehört habe. Und vor allem, ob ich zu
viele Alarmsignale sehe, denn der allgemeine Konsens in

Deutschland lautet, es ist doch alles nicht so schlimm. Spreche ich aber mit anderen Jüdinnen und Juden, berichten sie mir von ähnlichen Geschichten. Aus den Kreisen der Betroffenen höre ich immer wieder, dass es schlimmer geworden ist. Von zunehmendem Hass betroffen sind aber nicht nur Menschen jüdischen Glaubens, sondern Menschen, die sich positionieren oder einfach nur »anders« sind: Feministinnen, Juden, PoCs*, Homosexuelle, Alleinerziehende, Transmenschen und was es noch im bunten Strauß der Gesellschaft gibt und einigen nicht in ihr Weltbild passt. Alles, was »irgendwie anders« ist, wird zur Projektionsfläche des Hasses.

Bei jedem Wort, das ich veröffentliche, rechne ich mit einer Reaktion. Ich wäge ab, wie ich etwas schreibe, wie weit ich in meiner Kritik gehe – und ich mag das nicht. Ich will Dinge nicht nicht sagen, um den berechenbaren Reaktionen aus dem Weg zu gehen. Ich sehe mich auch in Verantwortung, denn selbst wenn ich ausschließlich für mich selbst spreche, meine eigenen Gedanken und Gefühle äußere, so tue ich das doch in den Augen anderer, immer im Namen aller Juden, aller Frauen, aller was auch immer.

Die immer weiter schrumpfende Fähigkeit und der Unwillen, zu differenzieren, aus Texten das herauslesen, was man lesen will, und nicht das, was dort steht, macht es oft schwer, die Dinge auszusprechen. Inzwischen besteht meine Hauptreaktion auf Textkritik darin, die Menschen zu fragen, wo sie das gelesen haben, was sie bei mir kritisieren, denn ich habe es nicht geschrieben. Antworten bekomme ich selten. Und trotzdem ist das Schreiben noch immer das Einzige, was mir über mein Unverständnis hinweghilft. Ich denke nach, indem ich schreibe. Ich versuche zu verstehen, was nicht verstanden

* PoC steht für People of Color und ist eine selbst gewählte Bezeichnung einer Gruppe, die rassistische Erfahrungen teilt.

werden kann, und ein klein wenig ist es auch meine ganz eigene Therapie.

Doch bleibt es nicht beim Blockieren von Kommentatoren. Ich schreibe anders. Schrieb ich zu Beginn frei von der Leber weg, so überlege ich inzwischen sehr genau, wie ich was formuliere. Was ich ansprechen will. Der Autor und Blogger Chajm Guski (sprachkasse.de) sagte mir einmal, er schreibe nicht mehr über Antisemitismus in der Region. Er habe zu viele schlechte Erfahrungen gemacht. Andere Blogger wiederum haben ihr Schreiben ganz eingestellt, und auch ich habe oft genug den Impuls, das Einzige, was ich als mein Werkzeug einsetzen kann, meine Sprache, einzustellen. Ich stand ein paarmal vor der Frage, das »jüdisch« im Blog zu entfernen, nicht mehr über jüdische Themen zu schreiben. Ich tat es nicht. Erst recht nicht, wenn man mir sagte, ich würde dem Hass einfach entgehen, würde ich aufhören zu schreiben, würde ich still sein. Das sind höhnische Dinge, die man Opfern von Hass und Gewalt sagt, statt den Hassenden entgegenzutreten, statt den Hassenden zu sagen, dass das, was sie tun, nicht sein darf.

Natürlich wäre es ein Weg, still zu werden, es kann eine Entscheidung sein, und ich kann es niemandem verdenken, das zu tun, besonders wenn man eine Familie hat, um die man sich sorgen muss. Den Mund zu halten allerdings hat noch niemandem geholfen. Ich wüsste, ich wäre nicht mehr ich, trotzdem es mich verändert hat.

Ich erhalte auch Kommentare wie: »Danke, das habe ich so noch nicht gesehen« oder »Bitte machen Sie weiter!« oder »Lassen Sie sich nicht unterkriegen«. Sie machen vieles wett und machen Mut. Dem Hass in seiner ungefilterten Einfältigkeit kann man nicht entgegentreten, indem man sich zurückzieht, schweigt, bequem ist.

Die Pause zwischen der direkten Konfrontation mit Antisemitismus bei meiner Arbeit im Jüdischen Museum und in meinem normalen Leben hatte mir sehr gutgetan. Nun war die Pause aber vorbei, und Menschen schrieben und schreiben, was sie »schon immer mal sagen wollten«. Ich weiß, es geht selten um mich als Person. Ich bin auch als Bloggerin, wie im Museum, lediglich Projektionsfläche. Ich bin sichtbar, ansprechbar und für einige eben auch beschimpf- und bedrohbar. Es ist mein Leben geworden. Mein Alltag. Auch so sehr, dass ich es manchmal als normal empfinde.

Sehe ich einen Posteingang auf der blogrelevanten E-Mail-Adresse, so schaue ich nicht mehr unbefangen hinein. Ich muss mich zwingen. Ich kann mich nicht daran gewöhnen, von fremden Menschen in ihre Raster geordnet zu werden. Trotz allem, obwohl ich Wege finde, irgendwie damit umzugehen, bleibt doch eines – es schmerzt, und ich frage mich immer wieder: Woher kommt dieser ganze Hass?

Die Impressumspflicht versetzt uns Privatbloggende zusätzlich in Gefahr. Wir sind verpflichtet, eine Adresse, meist die Privatadresse anzugeben. Manch einer hat das Glück, dass sich etwa Stiftungen wie die Amadeu Antonio Stiftung zur Verfügung stellen, um diese Menschen in ihrem privaten Umfeld zu schützen. Auch das ist vielleicht ein Grund, warum viele Stimmen nicht öffentlich zu lesen, sehen, hören sind. Man hat eben oft doch nicht das nötige Kleingeld, um sich gegen Abmahnwellen zu wehren, die sich gegen rechtliche Fehler wenden, wie vor allem einen nicht ausreichenden Impressumsnachweis. Das ist nichts, was nicht auch anderen Bloggern geschieht. Es ist eine Industrie geworden, die eine deutsche Regelung möglich macht: Man kann sich den Hinweis auf rechtliche Fehler auf Webseiten erstatten lassen, das wird gern mit hohen Summen getan. Es nimmt nicht wunder, dass sich schon aus Kostengründen Menschen davon einschüchtern lassen. Man mag ebenso keine zwielichtigen Gestalten in der Nähe des Hauses herumlungern haben, will keine ungewollte Post im Briefkasten finden. Man will sich wenigstens im privaten Zuhause sicher fühlen können.

Trotz einiger Versprechungen, die Frage der Impressumspflicht und eventuelle Lösungen in Augenschein zu nehmen, sind wir weiterhin ungeschützt. Nach der Drohung an mich, mich ausfindig zu machen und gleichzeitig mich abmahnen zu wollen, hatte ich das große Glück, eine Lösung zu finden.

Durch die im Mai 2018 in Kraft tretende DSGVO stehen wir wiederum vor einer Wahl: Lassen wir Kommentare zu, so begeben wir uns auf eine Gratwanderung, wenn wir, wie von der Polizei empfohlen, die IP-Adressen der Kommentatoren speichern. Auch hier musste eine Lösung gefunden werden. Ein »berechtigtes Interesse« muss nachgewiesen werden. Doch wir alle wissen, Recht wie in dieser Formulierung ist Interpretationssache. Menschen, die sich wenig mit den Hintergründen und Lösungsempfehlungen beschäftigen, vielleicht auch nicht in der Lage sind, es technisch selbst einzurichten, schalten ihre Seiten ab. Ein Verlust und sicherlich kein Ansporn, die eigene Stimme hörbar zu machen.

Twitter – ein Kampf gegen die Hydra

Anders als Kommentare in Blogs ist Twitter ein deutlich direkterer Weg, mit Menschen in Kontakt zu kommen. Über die Jahre sind massive Veränderungen im Umgang miteinander auf diesem Medium festzustellen. Sah ich 2015 Twitter unter anderem als einen Weg, den Humor der Deutschen wiederzu-entdecken, so sehe ich mich heute immer weniger auf diesem Kanal.

Der Ton, der einst freundlich war, ist ein anderer geworden. Beobachtet man Kanäle des öffentlich-rechtlichen Fernsehens, von Tageszeitungen, von Feministinnen oder eben auch von jüdischen Twitterern, so kann man damit rechnen, dass irgendwann der Troll aus seiner Höhle kommt. Es wird offen gehetzt, beschimpft, bedroht. Mechanismen wie »Hassaccounts melden« funktionieren nicht zufriedenstellend, und selbst wenn Konten gesperrt werden, ist es wie mit der Hydra, man schlägt einen Kopf ab und viele neue entstehen.

»@irgendwiejuna Dann lösch dich doch einfach«

Wir wissen nicht erst durch Recherchen zur Online-Reportage von funk.net, einem Content-Netzwerk von ARD und ZDF, »Lösch Dich. So funktioniert der Hass im Netz«, die im April 2018 auf YouTube und in der ZDF-Mediathek online gestellt wurde, dass es das Ziel von Trollarmeen ist, Menschen, die gegen Rassismus, Diskriminierung und Hass eintreten, mundtot zu machen. Gleichzeitig soll der Eindruck erweckt werden, dass der Hass die Mehrheitsmeinung ist. Ein Weg, der in Teilen funktioniert. Sprachlich und vor allem im Umgang miteinander werden Grenzen durchbrochen. Keine sprachlichen Grenzen, auch nicht die Grenzen der Legalität sind das Problem, es sind die Grenzen des Anstands.

Was bewegt Menschen, andere in nun 280, bis vor Kurzem noch in 140 Zeichen zu bewerten und vor allem zu beurteilen? Kommunikation im Sinne von zuhören, verstehen wollen und vor allem auch als Möglichkeit eines Perspektivwechsels findet wenig statt. Das kann sie auch nicht in dieser Begrenzung der Zeichenzahl. Dennoch glauben es die Nutzer. Es ist ein vorübergehendes Winken von Worten. Kaum ist man ihrer gewahr geworden, schon sind sie wieder verschwunden.

»@irgendwiejuna Vielleicht ist #Sachsenanhalt eher daran interessiert, die abbonierte deutsche Grundschuld nicht weiter zu pushen«

Sprachlich werden täglich immer mehr Tabus gebrochen. Wir gewöhnen uns daran, und ich muss wieder an Theodor Mommsen, den Althistoriker denken, der im Berliner Antisemitismusstreit 1879/1880 über den Historiker Heinrich von Treitschke, der die Parole »Die Juden sind unser Unglück« prägte, sagte: »Was er sagte, war damit anständig gemacht. (…) Der Kappzaum der Scham war dieser ›tiefen und starken Bewegung‹ abgenommen; und jetzt schlagen die Wogen und spritzt der Schaum.« Treitschkes Parole wurde ab 1927 auf fast jede Titelseite der antisemitischen Wochenzeitung *Der Stürmer* gedruckt. Die Zeitung diente der Vorbereitung und Begründung der Schoah. Kein Ort, in dem kein »Stürmer-Schaukasten« stand.

Lasse ich über Twitter einen Stream etwa mit dem Suchwort Jude laufen, erhalte ich binnen Minuten mehrfach antisemitische Posts. Das Netz ist nichts anderes als ein Abbild unserer Gesellschaft. Hinter den Kulissen ist mein Blog inzwischen eine Burg. IP-Adressen sind gesperrt, damit mich bestimmte Nutzer nicht mehr kontaktieren können. Kommentare werden erst durch mich freigegeben. Das war nicht immer so. Im Gegensatz zu anderen geht es mir allerdings noch gut.

Bei niemandem von uns Bloggern oder Twitterern steht: Hier bitte den ganzen Hass ausschütten! Wenn ich thematisiere, dass ich Hasspost nicht auf die leichte Schulter nehmen kann, dass sie etwas bei mir, tief in mir hinterlässt, wird mir meist nahegelegt, ich solle doch einfach nicht mehr schreiben, dann hätte ich keine Probleme. Aber warum bin ich selbst daran schuld, beschimpft und bedroht zu werden?

Verstummen oder »Jetzt erst recht«?

Obwohl ich darüber nachdenke, aufzuhören, obwohl ich sehe, dass Stimmen immer wieder verstummen, denke ich dann doch wieder: »Jetzt erst recht.«

Ganz unbelastet bin ich nicht in diesen Dingen, und gerade deshalb habe ich wahrscheinlich diese Haltung entwickelt. Ich habe eine Mutter, die immer politisch sagte, was sie dachte, trotz der Konsequenzen, die wir in der DDR tragen mussten. Ich habe diesen einen Großvater, unbelehrbarer Kommunist, der nach einigen Lageraufenthalten verschwand und den ich nur aus Geschichten kenne, der für seine Überzeugungen trotz allem eintrat, vielleicht mit seinem Leben dafür zahlte. Was bin dann schon ich in meiner sicheren Welt? Vielleicht bin ich diesem unbekannten Großvater verpflichtet, der die Brücken Norddeutschlands mit kommunistischen Wahlslogans versah? Mein Freund war einst der jüngste politische Häftling der DDR und wurde nicht gebrochen. Ich wuchs auf mit Geschichten von Menschen, die widerstanden, mit Büchern unterm Ladentisch. Menschliches Eintreten für eine humanere, gerechtere, gleichberechtigte Welt sollte nicht versteckt werden.

Wie viele Menschen wurden dennoch im Nationalsozialismus und in der DDR denunziert, weil sie im Treppenhaus nicht grüßten, weil dem Nachbarn die Nase nicht passte oder dem Mitschüler der Pullover nicht. Es kann kein Weg sein, dem Hass gegenüber zu schweigen, sich in sein kleines privates Leben zurückzuziehen und nicht einmal dem Onkel auf dem Familienfest zu widersprechen, der gegen »die Ausländer« hetzt. Man muss keine Tausende Follower in irgendwelchen sozialen Medien haben, um relevant zu sein. Wenn jeder nur einmal dem Hass widerspräche, wäre das so viel lauter als all die Trollarmeen.

Vielleicht bin ich meinen Lebensmenschen verpflichtet, ob ich sie nun kannte oder nicht, vielleicht bin ich auch einfach nur meinem Land verpflichtet, meinen kleinen Teil dazu beizutragen, dass es ein lebenswertes bleibt. Für alle Menschen.

Widersprechen im Netz ist heute viel einfacher. Denn der Hass verlagert sich mehr und mehr von den öffentlichen Kommentaren in die agilen sozialen Netzwerke. Hier kann jeder jeden erreichen, der Teil dieser Netzwerke ist, so er es will. So nimmt es nicht wunder, dass das meiste heute über Twitter läuft, über Kommentare zu YouTube-Videos von Aktivistinnen und Aktivisten. Wir schreibenden Blogger sind da vielleicht in der Vehemenz und dem Grad des Hasses aus den Augen verloren worden. Das Muster aber ist gleich und das Ziel ebenso: die Menschen zum Verstummen bringen.

»Lösch dich« ist ein gern genutzter Kommentar zu allem und jedem. Die Annahme, dass die Distanz durch das Netz, die Möglichkeit der Anonymisierung den offenen Hass überhaupt erst möglich machen, ist ein Trugschluss. Das mag vielleicht für den einen oder anderen gelten. Doch ist der Hass heute allgemein gesellschaftsfähig geworden. Mehr und mehr wurde getestet, angefeuert durch Anhänger, was geht, was geht nicht. Wie weit kann ich in der Erniedrigung von Menschen gehen? Wie weit kann ich mich über Menschen stellen, denen ich nie im Leben begegnet bin? Netzwerke von vermeintlich Gleichgesinnten wurden auch hier geschaffen. Doch ich frage mich: Gibt es nur Netzwerke des Hasses? Gibt es nicht auch etwas dagegen?

Anfang 2016 stellte ich in meinem Blog die These auf, dass das Erscheinen von Pegida und Co. auf unseren Straßen ein Abbild dessen ist, was im Netz vorgeht. Es mag eine gewagte These sein, dennoch sehe ich die gleichen Muster: Man findet eine Gruppe, bestärkt sich gegenseitig in der Richtigkeit seines Tuns, im Hassen anderer Menschen und erfährt so eines: Aufwertung. Man erlangt eine vermeintliche Bedeutung, die das Leben bisher für einen nicht vorgesehen hatte. Man ist Teil einer vermeintlich großen Sache.

Machen wir uns nichts vor, die meisten Menschen sind dafür anfällig. Die meisten Menschen sehnen sich nach Gemeinschaft, nach Anerkennung, nach Wert und vor allem danach, gesehen und gehört zu werden.

Unsere Gesellschaft trägt an diesen Entwicklungen eine Teilschuld. Die Höherstellung vermeintlicher Eliten, die Bewertung der Qualität eines Menschen durch seine Konsumkapazitäten (Einkommen, Statussymbole) ist ein Weg, der zu viele Menschen ausschließt. Ist dieser Weg noch umkehrbar? Wenn wir unhinterfragt alles als gegeben hinnehmen, auf der vermeintlich richtigen Seite stehen, von Armut dank eines Erbes nicht bedroht sind, wenn wir vor allem immer weniger Mitgefühl, dafür mehr ICH lernen, sehe ich schwarz.

Es gibt einen Mittelweg der Menschlichkeit und des Erfolges. Wer hat jemals Glück in der Ausgrenzung gefunden? Wo hat Hass je Glück oder Frieden hervorgebracht? Ich sehe in unserer Gesellschaft immer mehr Abgrenzung nach außen und nach innen. Das Gleiche geschieht im Netz, in dem man verständlicherweise ab einem bestimmten Punkt nur noch in den eigenen Filterblasen verkehrt, in denen es kaum Widerspruch gibt, keine echte Diskussion. Hier stoßen wir an die Grenzen des Mediums.

Wir denken, unser Freundeskreis außerhalb des Netzes ist die Realität, eben weil wir wählen können, mit wem wir verkehren. Aber das ist eben auch eine Filterblase. Das Netz ermöglicht Kontakte zu Menschen außerhalb der eigenen Welt, das Vernetzen – und eben auch den Einblick in die Gedankenwelt von Rassisten, Antisemiten, Frauenverachtern und Homosexuellenfeinden.

Geschichten aus dem Gemeindeleben

Jüdische Gemeinden in Deutschland

Die Geschichte der jüdischen Gemeinden in Deutschland ist geprägt von Zerstörungen und Neugründungen. Die Reichsverfassung von 1871 machte die deutschen Juden zu gleichberechtigten Bürgern. Acht Jahre später löste Heinrich von Treitschke mit seiner Parole »Die Juden sind unser Unglück« den Berliner Antisemitismusstreit aus. Auf den Vorwurf, dass sich die deutschen Juden nicht am Ersten Weltkrieg beteiligt hätten, reagierte man 1916 mit der sogenannten Judenzählung. Der jüdische Anteil am deutschen Heer sollte erhoben werden, das Ergebnis wurde bis zum Kriegsende geheim gehalten. Es wurden mit 17,3 Prozent genauso viele deutsche Juden eingezogen wie Nichtjuden, obwohl nur 15,6 Prozent wehrpflichtig gewesen wären.

Verschwörungstheorien wie die Dolchstoßlegende machten die Runde; der deutsche Außenminister Walther Rathenau wurde von Mitgliedern der rechtsextremen Organisation »Consul« ermordet. Dennoch bedeutete die Weimarer Republik mit der Einführung des Paragrafen 136 in der Weimarer Verfassung eine weitere Verbesserung für die Juden: »Der Genuß bürgerlicher und staatsbürgerlicher Rechte sowie die Zulassung zu öffentlichen Ämtern sind unabhängig von dem religiösen Bekenntnis.« Damit stand einer Karriere im öffentlichen Dienst oder an Universitäten nichts mehr im Weg.

Um 1933 lebten in Deutschland noch etwa 500 000 Juden, ein Drittel davon in Berlin. Die Zahl sank, trotz der Zuwanderungen von Juden aus Osteuropa. Hier machten sich bereits in

Berlin die ersten Differenzen bemerkbar. Lebten die sogenannten »Ostjuden« vornehmlich im Berliner Scheunenviertel unter teils erbärmlichen Bedingungen, waren die bekannten Vertreter des deutschen Judentums unter anderem in Berlin-Charlottenburg zu finden, dort, wo auch nach der Schoah das Herz des Westberliner Judentums schlug.

Etwa 400 000 der deutschen Juden gelang es zwischen 1933 und 1945 zu fliehen. Menschen ohne deutsche Staatsbürgerschaft, wie jene Juden aus dem Scheunenviertel, hatten weder die finanziellen Möglichkeiten noch die nötigen Papiere. Sie wurden deportiert und ermordet. Ein Großteil der Überlebenden aus den Konzentrationslagern und dem Untergrund versuchte, Deutschland nach dem Krieg zu verlassen, darunter auch osteuropäische Juden, die vor weiteren Pogromen im Nachkriegsosteuropa flohen. In Warteposition in DP-Lagern[*] entstanden neue jüdische Organisationen und Initiativen. Deutsche Juden und das in Deutschland im 19. Jahrhundert entstandene liberale Judentum spielten in dieser neu zusammengefundenen jüdischen Gemeinschaft in Deutschland keine Rolle mehr. Die Juden, die heute hier leben, sind geprägt von der osteuropäischen Orthodoxie. Das liberale Judentum lebt mit seinen Vertretern in den Exilländern weiter, vor allem in den USA, wo es bereits vor dem Krieg durch Auswanderer Wurzeln schlug.

In der DDR spielte das Judentum bis in die 1980er-Jahre keine Rolle. Zum einen waren die in die DDR zurückgekehrten und bleibenden Juden selten religiös. Für sie war der Kommunismus das wichtigere Moment. Die hier existierende Gemeinde schrumpfte altersbedingt immer weiter. In den 1980er-Jahren hoffte man durch den Wiederaufbau der Berliner Syna-

---

[*] Einrichtungen zur vorübergehenden Unterbringung sogenannter Displaced Persons nach dem Ende des Zweiten Weltkriegs

goge Oranienburger Straße und die staatliche Förderung der kleinen orthodoxen Gemeinde Addas Jisroel auf Devisen aus dem Ausland, vornehmlich aus den USA. Das gelang nicht wie geplant. Die Mauer fiel, und irgendwann kehrte auch wieder jüdisches Leben in die Synagoge Oranienburger Straße zurück.

Mit dem Mauerfall und dem Fall der kommunistischen Regime wandten sich wieder mehr der ostdeutschen Juden dem Gemeindeleben zu. Denn es war nun möglich, eine Religion zu leben, ohne um die eigene Karriere oder die Zukunft der Kinder fürchten zu müssen. Einige wenige wanderten nach Israel aus. Es kamen viel mehr Gemeindemitglieder hinzu als gingen. Die sehr konservativen Gemeinden Deutschlands erhielten ab den 1990er-Jahren Zuwachs durch die sogenannten Kontingentflüchtlinge. Ihnen ist die Größe der jüdischen Gemeinden in Deutschland zu verdanken. Seit dem Beginn dieser Hilfsaktion, denn das ist die Möglichkeit dieser Zuwanderung, kamen bis 2009 etwa 212 000 bis 220 000 jüdische Zuwanderer nach Deutschland. Nach dem jüdischen Gesetz, nachdem nur derjenige Jude ist, der von einer jüdischen Mutter geboren wurde, gelten nicht alle von ihnen als Juden, nicht alle suchten nach Aufnahme in den jüdischen Gemeinden, und sicherlich gab es ebenso Menschen, die die entsprechenden Papiere für die Ausreise gekauft haben. Dennoch wurden knapp 102 500 Menschen Teil des jüdischen Gemeindelebens und trafen so auf 29 100 Alteingesessene. Eine enorme Herausforderung, die die Gemeinden unter großen Schwierigkeiten meisterten und noch immer meistern.

Sie boten Sprachkurse an, Religionsunterricht für die Menschen, die die Traditionen, die sie nie leben konnten, kennenlernen wollten, und inzwischen auch standardisierte Konversionskurse für Menschen aus Ländern der ehemaligen Sowjetunion, die jüdische Väter haben. Im Schwange des Gefühls, die am schnellsten wachsenden Gemeinden weltweit zu sein, wurden Synagogen und Gemeindehäuser errichtet. Man war stolz, selbst Zuflucht für Juden zu sein. Völlig ausgeblendet wurde die Altersstruktur der Gemeinden. Von den Gemeindemitgliedern waren 2016 48 Prozent über 60 Jahre alt. Es sterben weit mehr Menschen, als neue hinzukommen. Allein 2017 stehen 1505 Sterbefällen nur 251 Geburten gegenüber. Den 425 Austritten und damit dem Wegfall von Mitgliederbeiträgen stehen wiederum 62 Übertritte und 1088 Zuwanderungen aus anderen Ländern gegenüber. Der Trend ist seit 2006 klar: Die jüdischen Gemeinden schrumpfen.

Doch was heißt »jüdische Gemeinde« überhaupt? Das noch immer in Deutschland übliche System der Gemeinden ist wie das (noch) in Berlin zu findende System der »Einheitsgemeinde«. Das heißt, dass verschiedene Synagogen mit – zumindest in Berlin – unterschiedlichen Ausrichtungen von orthodox bis reform Teil der Gemeinde sind. Die Rabbiner und Rabbinerinnen amtieren als Angestellte der Gemeinde oder auch ehrenamtlich. Die Gemeinde wird zentral durch einen gewählten Vorstand geleitet. Nicht immer, wie im Falle Berlins, geht es hier mit rechten Dingen zu, ebenso ein Grund für Austritte aus der Einheitsgemeinde.

Zu den Synagogen gehören die Gemeindehäuser, Jugend- und Seniorenangebote, jüdische Volkshochschulen (offen für alle), Schulen, Kindergärten etc. Diversität innerhalb der Gemeinden hat nicht immer funktioniert. So kommt es, dass inzwischen fast jede Stadt zwei Gemeinden verzeichnet, eine traditionell orthodoxe – konservativ ist das falsche Wort, da konservatives Judentum die Gleichberechtigung von Frauen in religiösen Fragen voraussetzt – und eine liberale. Wobei Letztere meist die kleinere ist und somit weniger Geldmittel und Strukturen zur Verfügung hat. Noch immer kämpfen liberale jüdische Gemeinden um eine hundertprozentige Anerkennung durch den Zentralrat der Juden, der für die Verteilung der Gelder an die Gemeinden zuständig ist. Ihr Aufleben seit den 1990er-Jahren wird noch immer mit Misstrauen betrachtet.

Meine dezidierte Entscheidung, mich dem liberalen Judentum zuzuwenden, wird auch heute noch mit Kommentaren wie »nicht richtig jüdisch« und »Ach, ihr habt ja Rabbinerinnen« versehen. Zum Glück viel weniger als noch vor 20 Jahren. Dennoch braucht es im deutschen Judentum noch einiges, um an die Vorkriegsvielfalt heranzukommen, und noch viel mehr, um einen Stand wie in Großbritannien oder den USA zu erreichen.

Was die jüdischen Gemeinden in jedem Fall trotz aller Schwierigkeiten und Kämpfe geschafft haben, ist, die verschiedensten Menschen zusammenzuführen und Menschen ein Zuhause zu geben, die ihres verlassen mussten. Zeitschriften und vereinzelt G'ttesdienste haben Russisch als zusätzliche Sprache, um es leichter zu machen. Rabbinerinnen und Rabbiner sprechen Russisch, um in den meist sehr kleinen Gemeinden außerhalb der Großstädte die Mitglieder zu betreuen. Je älter ein Mensch wird, umso mehr verlernt er die neue Sprache und fällt in die der Kindheit zurück. Es ist hier nicht anders als in Israel oder den USA, wo Überlebende mit zunehmendem Alter plötzlich wieder ihre Muttersprache sprechen.

Die Integrationsarbeit der jüdischen Gemeinden Deutschlands lief nicht immer reibungslos. Im Gegenteil. Es wurde viel gekämpft, gestritten und geteilt. Dennoch ist es eine nicht genug zu beachtende Leistung einer Gemeinschaft, innerhalb kürzester Zeit mehr als dreimal so viele Menschen aufzunehmen, als man selbst an Mitgliedern hat, und sie in eine Gesellschaft zu integrieren, die ihnen fremd ist. Heute gehören die

Veteranentreffen der ehemaligen Soldatinnen und Soldaten der Sowjetarmee zum normalen jüdischen Alltag wie die Hebräisch-Sprachkurse. Wir haben uns aneinander gewöhnt – und es hilft auch den eingerosteten Russischkenntnissen, wenn man ins Gespräch kommt.

Wie viele Juden leben in Deutschland?

Viele Besucher des Jüdischen Museums gehen davon aus, dass dort ausschließlich Juden arbeiten. Sie äußerten das in Gesprächen. Und ich fragte zurück: Wie viele Muslime arbeiten im Museum für islamische Kunst? Wie viele Ägypter bewachen Nofretete? Wie viele Saurier bewachen das Museum für Naturkunde?

Irgendwann machte ich es mir zum Sport nach Schätzzahlen zur jüdischen Bevölkerung Deutschlands zu fragen. Ich tue es noch heute bei Gelegenheit. Im Durchschnitt schätzen die Menschen, die ich frage, dass eine bis drei Millionen Juden in Deutschland leben würden. Die Realität sieht anders aus. Millionenwerte an jüdischer Bevölkerung werden nur in Israel und den USA gemessen. 2017 geht man von etwa 99 000 Jüdinnen und Juden, die einer Gemeinde in Deutschland angehören, aus. Das sind etwa 60 000 jüdische Menschen weniger, als allein Berlin 1933 zählte. Abseits der Gemeindemitgliedschaft wird das Zählen schwer, man schätzt etwa 200 000 Juden in Deutschland, inklusive jener, die keiner Gemeinde angehören. Und die Tendenz ist fallend.

Kaum ein Deutscher kennt (bewusst) Jüdinnen und Juden. Vielleicht ist das auch ein Grund für den Museumsbesuch. Aber auch hier ist die Chance gering, auf einen Juden zu treffen, zumindest auf einen, der sich zu erkennen gibt.

Es ist dieses Paradox, das mir bis heute begegnet. Zum einen vermutet man eine millionenstarke jüdische Bevölkerung in diesem Land. Zum anderen beklagt man, dass man doch keine echten Juden kenne. Dass Judentum in Deutschland so unsichtbar sei. Nun, wie soll es sichtbar sein, wenn unsere Synagogen, Schulen, Altenheime geschützt werden müssen? Den Wünschen nach mehr Sichtbarkeit zu entsprechen, würde in der Konsequenz bedeuten, dass jede Jüdin, jeder Jude sich zu erkennen gibt, dass wir quasi beruflich Juden sein müssen, dass wir permanent öffentliche Personen sind, dass wir Darsteller sind, ein normales Leben ohne Beobachtung nicht leben könnten.

Damals im Museum wünsche ich mir nichts mehr, als dass die Panzer abziehen, dass ich beim Gang in die Synagoge nicht mehr durch Sicherheitskontrollen gehen muss, dass unsere Jugendreisen nicht mehr von Polizeischutz begleitet werden, dass jüdisches Leben einmal normal sein wird. Dass all das einmal nur in Geschichtsbüchern stehen wird. Ich träume davon, dass Freunde an der Tür zur Synagoge nicht mehr abgewiesen werden, weil sie nicht jüdisch sind, ich träume davon, dass man ins Museum kommen kann, ohne seine Taschen durchleuchten zu lassen. Ich träume nicht nur, ich glaube daran. Fest. Ich glaube an dieses, mein Land, in dem so viel mehr möglich scheint als in dem Land, in dem ich aufwuchs. Vielleicht kann dieses Museum, alle großen und kleinen jüdischen Museen etwas bewirken, etwas zeigen, nicht nur vom jüdischen Tod, vielmehr vom jüdischen Leben. Sie versuchen den Menschen begreiflich zu machen, dass es mehr Geschichte gab als Schoah, dass es weiter jüdisches Leben gibt, dass es zu Deutschland gehört. Ich bin optimistisch. Ich war es.

Die USA, das Land der (jüdischen) Träume?

Lew kommt aus Los Angeles. Er hofft auf Europa. Er will hier leben. Hier schreiben. Lew ist Jude. Der erste Jude, den ich kennenlerne, der unbefangen zu sein scheint. Dessen Familie niemanden in der Schoah verlor, die seit Generationen in den USA lebt. Er wuchs in einem Judentum auf, das wir hier nicht kennen. Jiddische Wörter im Alltagsenglisch, das lerne ich von ihm. Einige dieser Wörter erinnern mich an meine Großtante. Ich spüre, dass ein unbeschwertes Leben möglich ist. Dass auch ein fröhlicher Umgang mit seiner Religion möglich ist. Dass man gar nicht religiös sein muss. Dass das Judentum auch dann nicht abgesprochen wird, wenn man seit Jahren keine Synagoge von innen gesehen hat, wenn es keinen Glauben gibt. Das erste Mal höre ich von Kulturjuden. Die Unbeschwertheit. Sie gefällt mir. Ich wünsche sie mir auch. Wann werden wir sie in Deutschland (wieder-)finden? Irgendwann in diesem Sommer sagt Lew zu mir: »You should live in the States for a while. It would do you good.«

Als ich Robert kennenlerne und ein Leben mit ihm wagen will, beginne ich zwischen seinem und meinem Zuhause zu pendeln. Zunächst nach New York, wo die Wunden des Anschlags noch sichtbar sind. Später dann nach Florida. Dem jüdischen Florida. Es tut mir gut. Es tut mir gut, dass mir in Synagogen kein Misstrauen entgegenschlägt, dass auch Fremde willkommen sind. Es tut mir gut, die Offenheit zu sehen. Die Selbstverständlichkeit von Rabbinerinnen, die großen, hellen Synagogen. Die jüdischen Zentren, in denen vom Schwimmkurs bis zum Talmudstudium alles angeboten wird. Aber auch hier werden die Synagogen bewacht. Auch hier hat sich die Stimmung verändert. Man ist nicht mehr so sicher, wie man sich einst fühlte. Es sind dennoch nicht die deutschen

Hochsicherheitseinrichtungen. Die Tasche wird vorgezeigt, man sagt, wohin man möchte, und wird freundlich hineingebeten.

Ich erlebe ein normales Leben von vielen Religionen nebeneinander. Das Bild des Flamingos mit der Weihnachtsmannmütze und der geschmückten Chanukkia daneben, ich behalte es in mir. Die Selbstverständlichkeit von Karten zu allen möglichen Feiertagen in der Schreibwarenabteilung. Die Supermärkte, die vor Pessach die Regale mit Kosher-for-Passover-Produkten bestücken. Die ganz normalen Produkte, die selbstverständlich ein Koschersiegel tragen. Eine Gegend, in der ein »Outing« als Jüdin nicht mit Betroffenheit quittiert wird, höchstens mit einem lapidaren »Ah, cool«. Nichts muss erklärt werden, vieles ist selbstverständlich. Die Grundlagen der vielen Religionen sind jedem bekannt. Man wünscht sich zu den Festen das Beste. Man lädt sich gegenseitig ein. Niemand versucht hier, zu überzeugen, zu missionieren. Man nimmt sich an, wie man ist. Es ist ein schönes, selbstverständliches Leben. Eine Normalität, nach der ich mich gesehnt hatte.

Und dennoch bekomme ich Heimweh. Heimweh nach meiner Stadt Berlin. Heimweh nach Europa, in dem man einfach in Cafés sitzen kann, lesen, ohne permanent zu konsumieren. Ich bekomme auch Heimweh nach weniger Fragen zu gesellschaftlichem Status, zum Beruf meines Vaters, obwohl ich stets nur von meiner Mutter sprach, Fragen, auf welche Universität ich ging.

Ich gelte trotz allem als Exotin, eine Jüdin aus Deutschland! Ich werde direkt gefragt, in welchen Lagern meine Angehörigen waren. Wenn der Name Auschwitz nicht fällt, werde ich uninteressant – zum Glück. In der Zeit in den USA werde ich ganz und gar zur Europäerin, eine jüdische Europäerin. Ich möchte mich nicht mehr rechtfertigen müssen, Deutsche zu sein, in Deutschland gelebt zu haben, möchte nicht mehr

hören, wie Menschen mir sagen, dass sie nie in mein Heimatland, in mein geliebtes Berlin fahren würden.

Ich kann diese Dinge verstehen, intellektuell, doch sie tun
weh. Auch hier gehöre ich nach fünf Jahren nicht dazu, nicht
ganz. So, wie ich zu Hause in Berlin für manche Menschen
nicht dazugehöre, wo ich versichern muss, dass ich Deutsche
bin. Zurückgekehrt, sehne ich mich dennoch weiter nach der
Vielfalt amerikanisch-jüdischen Lebens. Ich spüre noch stärker, noch intensiver, was hier zerstört wurde. Was noch nicht
wieder lebt. Vielleicht nie wieder in dieser Vielfalt leben wird.
Die neu entstehenden liberalen Gemeinden kämpfen um Anerkennung – im Geburtsland des liberalen Judentums. Vielleicht bin ich nun auch, was so viele Jüdinnen und Juden sind:
eine Wanderin. Vielleicht bin ich auch überall zu Hause.
Überall dort, wo es jüdische Gemeinden gibt. Vielleicht. Ich
habe die Antwort nicht gefunden. Ich träume weiter von einer
Vielfalt jüdisch-religiösen Lebens, wie ich es in New York
fand, in Florida. Es wäre möglich in Berlin, in Frankfurt, in
Leipzig. Es wäre möglich, und ich will nicht aufhören zu träu-
men.

»… dann wirst auch du umgebracht werden
wie wir alle«

In Berlin gehe ich nach dem Schabbatg'ttesdienst mit David
ins Café nebenan. Es ist zu einem Ritual geworden. David
rührt grimmig in seiner Tasse. Irgendetwas muss passiert sein.
Vorhin war er noch so glücklich, so befreit geradezu. Er hat
endlich seinen Termin zur Prüfung beim Bet Din, dem jüdischen Gericht, erhalten. Eigentlich sollte sein Übertritt zum
Judentum damit nur noch eine Formalität sein. Nervosität
und Freude waren in seinem Gesicht. Seit zwei Jahren ist er

diesen Weg gegangen. Seine Kollegen haben sich darauf eingelassen, sodass er als Flugbegleiter nicht an einem Schabbat fliegen musste. Der Schabbat ist ihm wichtig, und es ist Teil des Konversionsprozesses und einem jüdischen Leben, ihn zu halten. Ganz gleich, ob man wie David ein liberales oder ein orthodox jüdischen Leben leben will.

David ist angekommen. Er hat Kämpfe mit seiner Familie ausgestanden. Hat wieder und wieder erklärt, warum er Jude sein will, warum liberales Judentum, nicht orthodox. Warum es ihm egal ist, ob er von Rabbinern in Israel als Jude anerkannt würde, und warum es ihm wichtig ist, ein gleichberechtigtes Judentum zu leben, in dem Frauen Rabbinerinnen sind und er seinen Freund eines Tages auch heiraten könnte. Er hat sich seinem Umfeld und sich selbst erklärt. Er hat vielleicht gehadert, gezweifelt und Freunde auf dem Weg verloren. Warum fühle er sich im Judentum wohl? Warum habe er sich freiwillig beschneiden lassen? Er hat auch die misstrauischen Blicke und das Getuschel in der Gemeinde ertragen. Endlich nun ist der Rabbiner zu dem Schluss gekommen, dass er so weit ist. Sein Ticket ist schon gekauft. Eigentlich sollte er glücklich sein. Wir wollen diese Nachricht feiern. Doch an der Garderobe wurde er abgefangen. Frau W., deren graues Haar und graue Kleidung oft genug ihr Wesen widerspiegelten, bedachte ihn noch mit grauen Worten. Ich kannte Frau W. nicht anders, als dass sie »Dinge anzumerken« hatte. Die Anwesenheit der Kinder im G'ttesdienst, ihr Toben und Juchzen auf dem Gang störten sie. Die Anwesenheit von Menschen, die sie nicht kannte, störte sie. Der Kantor, der bisweilen vertrat, der Rabbiner, der eingestellt wurde, störten sie. Sie störte alles und jeder, so schien es. David nun wurde ausgerechnet an diesem Abend mit ihrem Rat bedacht: »Nur damit du es weißt, wenn du das jetzt machst, dann wirst auch du umgebracht werden wie wir alle.«

David lächelte professionell, wünschte Schabbat Schalom und ging die Treppe hinunter. Wie es wirklich in ihm aussah, sah ich nun. Alles brach heraus. »Als ob ich mir nicht selbst schon Gedanken gemacht hätte, als Erstes, als ich darüber nachgedacht habe, zu konvertieren. Als ob mir das nicht schon so viele gesagt hätten, die von meinem Plan erfahren haben. Kann sich denn nicht einfach mal einer für mich freuen? Oder einfach mal nichts sagen? Warum werden wir so mit Misstrauen besehen? Jetzt sitze ich noch mehr zwischen den Stühlen.«

Ich weiß, wovon er spricht. Man ist misstrauisch jenen gegenüber, die von draußen kommen. Das mussten schon Hanna und ich erfahren. Wir beide, aus Ostberlin, aus nicht-religiösen Familien mussten unseren Weg auch finden. Hanna verlässt später Deutschland und wird als orthodoxe Jüdin Tausende Kilometer weit entfernt leben. David wird Berlin ebenso verlassen. Es ging ihm nicht darum, in der Berliner Gemeinde anerkannt zu werden, die sich selbst seit jeher misstrauisch betrachtet. Und dennoch. Die Frage der Vernichtung ist eine immerwährende Frage. Auch ohne die Schoah gibt es genügend Geschichte von Vertreibung, Vernichtung, Zwangskonversionen seit der endgültigen Vertreibung der Juden aus ihrem Land im Jahre 70 und davor. Dennoch: Wir leben! Mein israelischer Freund Gilad wird später stolz erzählen, dass er die Gedenkstätte Auschwitz besucht hat, allein um den Geistern zu zeigen, dass sie es nicht geschafft haben. Dass es weiter Juden gibt, dass es nun einen sogenannten jüdischen Staat gibt, in dem Juden sicher sein sollten.

Sicher sein? Wo sind wir sicher? Ich fühlte mich in jenem Moment in diesem Café in Berlin sicher. Ich war mir sicher, dass nach dieser Katastrophe, der fast vollständigen Vernichtung des europäischen Judentums, Ruhe einkehren würde. Dass die Menschen gelernt haben. Dass es keinen Hass mehr geben wird. Deutschland hat sich verändert, die Menschen haben sich geändert. Sehr geändert. Ich erlebe Religionsfreiheit, die ich aus meiner Kindheit nicht kannte. Menschen, die in irgendeiner Weise religiös waren, wurden damals ausgeschlossen.

Auch für diese Freiheit gingen die Menschen in der DDR auf die Straße. Für diese Freiheit fand man sich in den Kirchen zusammen. Die Kirchen, Orte des Denkens und der freien Rede. Orte der Religion, die per se politisch waren. Ich hatte mir seit dem Mauerfall nie wieder Gedanken darüber gemacht. Wir waren frei. Wir durften glauben, was wir wollten. So dachte ich. Ich fühlte mich frei und geschützt. Langsam begann dieses Gefühl Kratzer zu bekommen.

Geldgierig, gut im Bett und
sicher dunkelhaarig – Stereotype

Blonde Juden gibt es nicht?

Eines Tages, während einer Aufsichtsschicht im Jüdischen Museum, kündigt mir eine Kollegin per Funkspruch eine Familie an: »Ich schicke eine Familie zu dir. Sie wollen über die ›jüdische Physiognomie‹ sprechen.« Ich nehme es mit Humor.

Haben Juden nur eine Haarfarbe? Nur eine Augenfarbe? Ich werde oft darauf angesprochen. In meiner Familie hatten alle tiefschwarzes Haar und entsprachen den Stereotypen der Nazis – nur ich steche heraus. Zu spät, sagte einmal meine Tante.

Die Schriftstellerin und Journalistin Mirna Funk beschreibt in ihrem Buch »Winternähe« die Begegnung ihrer Protagonistin mit einem jungen Mann, der Witze über ihre Nase macht, die jüdische Nase. Die Nase scheint überhaupt das wichtigste Körperteil der Juden zu sein, dicht gefolgt vom (beschnittenen) Penis. Zumindest sind das die Körperteile, auf die man am meisten angesprochen wird.

Mit der Familie führe ich ein freundliches Gespräch. Wir unterhalten uns lang, über die Geschichte der kleinen Gemeinde ihres Ortes, in der es keine Überlebenden gibt, über falsche Überlieferungen, Vorurteile und die Absurditäten der Rassenlehre. Es sind diese Tage und diese Gespräche, bei denen ich weiß, dass dies mein Ort ist. Meine Gelegenheit, etwas zu ändern, im Kleinen. Ich gehe nach Hause und weiß, ich konnte etwas tun. Der Satz »Das habe ich noch gar nicht gewusst«

wird ein Lebenssynonym für mich. Wir wissen alle zu wenig. Das zu ändern macht das Leben erst interessant.

Rassenideologie, festgeschriebene Physiognomien, so scheint es, spielen in einer aufgeklärten Gesellschaft unserer Tage keine Rolle mehr. Dem ist jedoch nicht so. Mitteleuropäische Juden können in der Masse untergehen, doch sobald das Haar dunkler, die Haut die eines langen Sommers ist, kann man nicht untergehen. Man wird als »anders« betrachtet, man wird anders behandelt. Egal, welche Geschichte man hat.

15 Jahre später beginne ich lange blonde Zöpfe zu tragen, sie werden mein Markenzeichen. Wohl auch, um diesen Irrsinn zu konterkarieren.

Partnerwahl, Partnerqual

Wenn man in einem Land mit sehr überschaubarer Anzahl von lebenden Juden innerhalb der jüdischen Gemeinde nach einem Partner Ausschau hält, dann ist die Anzahl derer, die zur gleichen Zeit einen Partner suchen, noch überschaubarer. Gleichzeitig ist es aber doch von Vorteil, dass jeder jeden irgendwie kennt. Man spart sich unnötige Dates und erweitert den Blick dann eben ins Ausland oder, viel einfacher, ganz weg von religiösen Präferenzen.

Nichtjuden zu daten kann einen ganz persönlichen Reiz haben, trifft man doch hier gern auf nicht ganz so alltägliche Stereotype. Die vermeintlich humorvoll den jüdischen Part als gute Partie sehen, man hat ja schließlich als Jude Geld, von einem hervorragenden Sexualleben ganz abgesehen. Schließlich weiß alle Welt, dass jüdische Männer gut im Bett sind! Nach den sexuellen Qualitäten nichtjüdischer Partner wurde ich nie gefragt – sobald Beschneidung im Spiel sein könnte, scheint die Fantasie aber riesig.

Ein Klassiker unter den sexuellen Vorurteilen über jüdische Frauen ist, dass sie großartig blasen können, dicht gefolgt von dem Gerücht, dass jüdische (und muslimische) Frauen bis auf das Kopfhaar komplett rasiert seien.

Was ist der Ursprung dieser Vorurteile? Sind sie daraus entstanden, dass das Judentum keine ablehnende Haltung gegenüber der Sexualität einnimmt, dass diese als überaus wichtig für eine erfüllte Beziehung angesehen wird, sodass sie in den Ehevertrag aufgenommen wird? Oder liegt es an den vermuteten Ausweichvarianten des Sexuallebens, wenn man jungfräulich in die Ehe gehen muss? Oder an den nicht nur im *Stürmer*-Blatt zu findenden sexualisierten Darstellungen von Juden, die die »reine arische Frau« verführen? Ich weiß es nicht. Blöd nur, wenn man sich letztlich nicht davon überzeugen kann, weil es eben doch ein dummer Spruch zu viel war.

Was tatsächlich von nichtjüdischer Seite das Hauptproblem zu sein scheint: das Essen. Das ist zu schwierig. Doch was ist an koscherem Essen schwieriger als am heute weitverbreiteten Laktosefrei-vegan-makrobiotisch-fruktarier-bio-Firlefanz? Zumal wenn noch nicht einmal klar ist, ob der jüdische Part überhaupt koscher isst und, wenn ja, wie streng.

»Nie haben die genug, die Juden«

Winter 2009. Ein Winter wie selten in Berlin. In der Stadt, in der Schnee sonst gleichbedeutend mit Matsch ist, sind die Wege gefroren, der Schnee türmt sich an den Straßen. Die Menschen gehen den Pinguingang. Immer wieder wird in den Nachrichten davor gewarnt, vor die Tür zu gehen, immer wieder schneit es von Neuem. Auf dem Museumsgelände türmt sich der Schnee. Es klingelt. Eine ältere Dame steht vor der Tür: »Wann kehren Sie endlich den Fußweg?«

Ich erkläre, dass ich den zuständigen Winterdienst bereits mehrfach verständigt hätte. Da das Gelände der Stadt gehört, müssten wir uns den Verträgen anschließen, die dort geschlossen werden. Der Winterdienst ist leider nicht zuverlässig. Ich entschuldige mich bei ihr dafür. Um ehrlich zu sein, freue ich mich schon, wenn er überhaupt erscheint.

»Irgendwann muss doch mal Schluss sein
mit diesem Gedenken. Es reicht doch endlich.«

Die Besucher stapfen durch den hohen Schnee, Trampelpfade überall. Die Dame erläutert, was alles passieren könnte, wofür wir zu haften hätten. Ich versichere ihr, dass wir unser Bestes tun, und sie möge doch bitte solange die andere Straßenseite nutzen. Sie fragt, was das hier eigentlich sei. Sie wohne gegenüber, seit Jahren, seit sehr vielen Jahren. Ich erkläre ihr den Ort, seine Geschichte. Sie antwortet: »Irgendwann muss doch mal Schluss sein mit diesem Gedenken. Es reicht doch endlich.«

»Waren Sie schon einmal in unserer Ausstellung? Vielleicht können Sie uns auch von Ihren Erinnerungen erzählen.«

»Nein, war ich nicht. Das interessiert mich nicht. Ich lasse mir doch keine Vorwürfe für die alten Sachen von Ihnen machen.«

»Aber das macht doch die Ausstellung gar nicht und ich auch nicht. Die Ausstellung informiert nur über die Ereignisse damals. Wir sind doch gar nicht in der Position, Vorwürfe zu machen, noch dazu, wo Sie doch bestimmt noch ein Kind waren, als all das geschah und der Hass das Land beherrschte.«

»Sie hier als Mitarbeiterin können ja nichts dafür!«, fällt sie mir ins Wort, »Sie müssen ja hier arbeiten. Auch das mit dem

Winterdienst, das ist doch auch kein Wunder, dass das nicht funktioniert. Die Stadt hat ja kein Geld, und vom Staat gibt's auch nichts, weil die die ganzen Juden entschädigen müssen, bis heute! Und das werden immer mehr von denen, weil sie hier das Geld bekommen, und Sie müssen für die mitarbeiten. Der Staat leidet doch darunter. Nie haben die genug, die Juden. Und dann verlangen sie auch noch dieses Denkmal da in Mitte!«

»Aber Juden bekommen doch keine Entschädigungen, die stehen nur den Überlebenden zu. Die jüngeren Generationen Juden müssen genauso arbeiten und Steuern zahlen wie jeder andere auch in Deutschland.«

»Na, das glauben Sie doch nicht, und das Denkmal …«

»Das Denkmal geht auf eine Bürgerinitiative zurück, ohne Geld oder politische Macht. Der Vorschlag eines Denkmals wurde vom Deutschen Bundestag angenommen und ausgeführt …«

Sie hört schon nicht mehr zu, winkt ab und geht durch den Schnee davon.

Es sind solche Annahmen, die weitverbreitet sind: Juden bekommen eine Rente vom Staat. Eine Mitarbeiterin im Berliner Senat hört immer wieder: Juden müssen keine Steuern zahlen. Auf Einsätzen für Rent a Jew hören wir immer wieder: Juden müssen nicht arbeiten, Juden haben mehr Stimmrechte, mehr Einfluss auf alles. So sind »Rothschild«, »Goldman Sachs« oder auch »Ostküste« als Codes für die weltbeherrschenden Bankiers heute wieder so gängig, wie sie noch vor wenigen Jahren überholt geglaubt waren. Zumindest von mir.

Der Glaube an eine feindliche, die Welt bestimmende Macht scheint für immer mehr Menschen eine Antwort auf die komplexen Vorgänge auf der Welt zu bieten. Dieses, mein Erlebnis ist ein Beispiel von vielen, in denen Juden die Schuld gegeben wird für nicht funktionierende Verwaltungen, nicht funktionierende Infrastruktur, nicht funktionierendes irgendwas.

Auf Initiative der Grünen findet 2016 im Bundestag ein Fachgespräch zum Antisemitismus in Deutschland statt. Titel: »An allem sind die Juden und die Radfahrer schuld«. Dort erzähle ich auch von der Geschichte mit dem Winterdienst.

Über das Tragen
jüdischer Symbole

Mehrfach in den letzten zehn Jahren wurde wieder empfohlen, dass man als jüdischer Mensch nicht in bestimmte Bezirke gehen soll, keine Kippa und keinen Davidstern tragen soll.

Alle Jahre wieder, in schöner Regelmäßigkeit werden wir Juden aufgefordert, nicht hierhin und nicht dorthin zu gehen, nicht dieses oder jenes zu tragen, damit man uns nicht erkennt. Ich kann es nicht mehr hören und finde es absurd, dieses Verstecken. Ich darf keinen Davidstern tragen, weil ich mich gefährden würde. Ich darf keine Kippa tragen, weil ich mich gefährden würde. Ich darf nicht in jene Bezirke gehen, neuerdings übrigens jene mit hohem muslimischem Bevölkerungsanteil, davor waren es die Plattenbausiedlungen im Osten der Stadt.

Was darf ich überhaupt? Darf ich nicht selbst bestimmen? Darf ich nicht selbst entscheiden, was ich wie tue? Wem ich etwas sage? Wohin ich gehe? Ich bin es leid, dass mir gesagt wird, ich müsse meine Freiheit beschränken, nur weil irgendwelche Idioten gerade wieder mal Juden als ihre bevorzugten Hassobjekte ausgesucht haben. Sollten wir nicht woanders ansetzen? Sollte nicht viel lauter gerufen werden, dass DIE sich fernhalten sollten? Aus unseren Leben, Ländern, Städten? Der unsägliche Glaube, dass nur die Ursache der Grund für eine Reaktion sei. Leben ist nicht Physik. Leben ist auch Nachdenken über das eigene Handeln.

Ich werde mich nicht einschränken lassen. Der einzige Grund, warum ich irgendwo nicht hingehe, ist, weil es für mich dort nichts Interessantes gibt. Ich habe keine Angst in

Berlin. Gut, ich werde auch nicht erkannt. Wie auch? Ich habe nie erlebt, dass jemand auf meinen Davidstern reagiert hätte, dass ich Probleme bekam. Wäre ich ein Mann, vielleicht würde ich mit Kippa gehen. Ich weiß es nicht. Es wäre dennoch meine Entscheidung, die ich nicht von außen bewertet wissen will.

Hat eigentlich die Kirche in Deutschland jemals ihren Mitgliedern empfohlen, irgendwo nicht hinzugehen? Ihre Kreuze nicht zu tragen, weil man sich dadurch in Gefahr brächte?

Wie sollen wir denn endlich offen und gelassen miteinander leben, wenn die »anderen« immer die anderen bleiben? Wenn wir nie die Gelegenheit haben, wirklich miteinander zu reden, uns kennenzulernen und die Gemeinsamkeiten und Unterschiede zu entdecken und zu schätzen?

Ja, man kann gut Schlagzeilen machen, wenn der Zentralrat empfiehlt, man möge gewisse Bezirke meiden. Gleichzeitig bin ich enttäuscht, dass auch Dieter Graumann als Vorsitzender (2010–2014) auf alte Züge aufspringt und dass Journalisten gern zu diesen Aussagen hinführen. Lassen Sie uns einfach unsere Entscheidungen. Miteinander reden ist der einzige Weg, und es gibt genügend Menschen, die reden wollen. Mit Arschlöchern reden zu wollen bringt nichts und hat noch nie geholfen. Die anderen aber mit den Idioten in einen Topf zu werfen bringt uns nicht weiter.

Mit Kippa auf deutschen Straßen? Mit hebräischen Buchstaben auf der Kleidung? Mit dem Beutel des jüdischen Supermarktes in die Stadt? Dinge, über die man sich keine Gedanken machen sollte – muss man aber.

Ich habe nachgefragt:

Chajm Guski, Deutschland

Eine Geschichte, gemeldet auch dem RIAS*. Chajm ist auf einer Vortragsreise in Hessen. In Bad Hersfeld geht er durch die Fußgängerzone. Er trägt seine Kippa. Eine Gruppe von fünf jungen Männern ruft ihm hinterher »Yahoud, Yahoud«, »Tod Israel«, »Scheiß Israel«, »Fuck Israel«. Sie verfolgen ihn für zehn bis 15 Minuten. Als sie beginnen, Flaschen nach ihm zu werfen, flüchtet er sich in einen Buchladen, um zu verhindern, dass die Rage noch eine weitere Steigerung erfährt.

Chajm sagt dazu in seiner lakonischen Art: »War charmant. Ich habe nicht im Blog drüber berichtet. Ich kann ja auch nicht jede Mail und jeden Hinweis dokumentieren.«

Benjamin, Österreich

Er ist umgezogen, eine neue Stadt, ein neuer Job, eine neue Wohnung.

»Um die Ecke ist ein Supermarkt. Nicht ganz gewöhnlich wahrscheinlich. Am Samstag geschlossen. Am Sonntag geöffnet. Und alles koscher. Ich freue mich. Sonntags einkaufen. Wie praktisch. Man bekommt sonntags kein frisches Fleisch, aber ansonsten fast alles. Auch frisches Obst. Die Einkäufe werden direkt an der Kasse in Sackerln verpackt. Der Name des Marktes in Latein darauf. Ich bringe grundsätzlich mein eigenes Sackerl. Meist aus Stoff. Der Einkauf reicht diesmal nicht. Alles braucht unnötig viel Platz, und die Jungs an der Kasse sind schneller. Ich schleppe die Sackerl also die zwei Straßen weit. Verstaue alles und lagere die Plastiksackerl. Welch Verschwendung, denke ich. Ein paar Tage später nutze ich sie erneut. Ein unverdächtiger Supermarkt, zwei Straßen in die entgegengesetzte Richtung, soll mir nun Teigwaren ver-

---

* RIAS: Recherche- und Informationsstelle Antisemitismus Berlin, ein berlinweites Melde-Netzwerk für antisemitische Vorfälle

kaufen. Erfolgreich und zufrieden erledige ich den Einkauf am Abend. Zwei Männer kommen mir entgegen. Sie sprechen angeregt in einer mir fremden Sprache. Ich liebe es, Sprachen zu erhören, zu erkennen. Es scheint wohl Türkisch zu sein. Die für uns vertrauten Umlaute werden übermäßig betont. Sie sehen mich. Ich trage die Sackerl in beiden Händen. Der Wind dreht ihnen die Aufschrift zu.

›Was stoppst du?‹

›Der Markt? Ist das nicht jüdisch?‹

›Wäh, Alter! Wieso sagst du dieses Wort?‹ Mein Herz schlägt schneller. Sie drehen sich um. Ich sehe auf die Schatten. Sie folgen mir. Es sind nur zwei Ecken bis an meine Tür. Soll ich dort hingehen? Soll ich stehen bleiben? Ich taste nach meinem Handy. Die Beschimpfungen werden nun konkreter. ›Du …‹ ›Ich …‹ ›Gaza …‹ Beim Letzten rollen meine Augen wohl so spürbar. Ich hole Luft. Bleibe stehen. Sichtbar, um ein Auto passieren zu lassen. Sie warten ab. Ich gehe weiter. Sie stoppen. ›Komm, lass …‹«

Debora, Deutschland

»Nirgendwo häufen sich antisemitische Vorkommnisse so sehr wie in Fahrstühlen. Leute, die nicht mit mir Fahrstuhlfahren wollen. Oder Leute, die im engen geschlossenen Fahrstuhl mir aufs Brustbein fassen und meinen Davidstern anfassen und fragen ›Öh, hast du keine Angst?‹« (Teil eines Videoprojekts von *Zeit online*)

Thies, Deutschland

Auf die Frage, was er davon hält, dass man Juden empfiehlt, besser keine Kippa in der Öffentlichkeit zu tragen, sagt er klar, dass das nicht der Weg sein kann und nicht soll. Er selbst trage keine Kippa mehr in der Öffentlichkeit, denn: »Zwei Mal in die Fresse, und das heißt richtig in die Fresse, sind genug. Und wenn Sie dann noch zur Polizei gehen und es anzeigen wollen, hören Sie dort den dummen Spruch: ›Ja, was gehen Sie auch so raus.‹«

Wie wir aussehen, was wir tragen, frei leben sieht anders aus. Die feministische Bloggerin Debora Antmann sagt: »Ich habe lange meinen Davidstern nicht getragen. Ich hatte das Gefühl, ich provoziere damit, und dann wäre es meine Schuld, wenn ich Antisemitismus erfahre. Heute trage ich ihn sehr konsequent. Jedes Mal, wenn ich an einem Schaufenster vorbeilaufe und er sich darin spiegelt, weiß ich, dass ich existiere. Es ist ein großes HIER BIN ICH, mein Widerstand. Seit ich ihn trage, höre ich Sachen, das kann man sich gar nicht vorstellen! (…) Es ist so krass, dass wir die Entscheidung überhaupt treffen können, sichtbar zu sein, und es ist so ein Brain-Fuck!« (*Missy Magazin*, 01/18)

Wir haben die Wahl, die meisten von uns haben sie. Wir tauchen unter in der Masse, wenn wir es wollen. Anders als Menschen mit sichtbaren Behinderungen, anders als Menschen dunkler Haut, Menschen, die nichts ablegen können. Das Tragen meines Sterns ist für mich ebenso beides, es ist mein ICH, und es ist auch irgendwie ein Zeichen mit den Menschen, die diesen Vorteil nicht haben. Am Ende macht es keinen Unterschied, warum wir gehasst werden, wenn wir weinend zu Hause sitzen, blutend auf der Straße liegen, wenn wir unsere Sachen packen und das Land verlassen … Der Hass findet immer einen Weg zu Menschen, die getroffen werden können. Das heißt allerdings nicht, dass sie wehrlos sind, dass sie stimmlos sind und dass sie sich verstecken sollten. Im Gegenteil. Die Empfehlungen von Sicherheitsbehörden und auch von Vertretern des Zentralrats der Juden sind lediglich ein Zeichen der Hilflosigkeit. Denn nicht die Ziele des Hasses – und ich sage bewusst nicht Opfer – sollten ihr Leben ändern müssen, sondern jene, von denen er ausgeht. Sie sind es, bei denen etwas nicht stimmt, die wieder auf einen Weg der Menschlichkeit gebracht werden müssen. Die Ziele zu verstecken, verlagert den Hass der Hassenden nur wieder auf vermeintlich andere Ziele. Ich glaube fest daran, dass Bündnisse wichtig sind. Bündnisse untereinander von Juden, Feministinnen, Roma, Sinti, Homosexuellen, Transmenschen, PoC, zusammen sind wir so viele und können einander unterstützen, wenn es schon der Rest nicht tut. Vielleicht auch fühlt sich dann eben der tatenlos zuschauende Rest ermutigt, mitzukämpfen für eine lebenswertere Gesellschaft für alle, selbst wenn er nicht selbst betroffen ist. Selbst wenn er bequem in seinem Fernsehsessel zu Hause sitzen kann und scheinbar nichts befürchten muss. Denn gehasst werden doch immer die anderen, und wenn man still ist und »sich nichts zuschulden kommen lässt«, kann man doch ein angenehmes Leben haben. Schließlich hat man nichts zu verbergen.

Unerträglich laut ist dieses Schweigen, wenn man einfach seinen Kaffee weitertrinkt, während ein Mann auf offener Straße mit einem Gürtel geprügelt wird. Es ist das eilige Weitergehen, wenn eine Frau bespuckt wird, weil sie ihr Tallitbeutelchen* sichtbar trägt. Das Schweigen, von dem die Überlebenden erzählen, das Schweigen, das oft viel schlimmer war als die Diskriminierungen, die Verhöre, die Zwangsarbeit. Das Vorbeigehen der Menschen, die eben noch Freunde waren, die ehemaligen Kollegen, die nicht mehr grüßten. Man wolle sich ja nichts zuschulden kommen lassen. Man will ja nicht mit den Juden gesehen werden …

* Beutel, in dem der Gebetsmantel/-schal getragen wird

»Es gibt immer einen, der provoziert,
und einen, der sich provozieren lässt.«

Die Bloggerin Juliane Wünsche schreibt 2015 über die »sächsische Tradition im Umgang mit Rechtsextremismus« und erinnert sich an ein Ereignis in Zittau im Jahr 1999. Rechtsextreme stürmten eine Feier des schwul-lesbischen Vereins unter Parolen wie »Ihr Schwulen müsst vergast werden« und »Heil Hitler« und schlugen Menschen krankenhausreif. Die Polizei schaute, trotz vorher vereinbarter Sicherheitspartnerschaft, tatenlos zu. Als am Tag darauf Rechte auch aus anderen Städten ein anderes Café belagerten und versuchten, Fenster und Türen einzutreten, war es nicht der letzte gewaltsame Übergriff auf sogenannte linke Organisationen. Die Politik reagierte beleidigt. Der damalige Oberbürgermeister Jürgen Kloß monierte, dass nur über die Übergriffe gesprochen werde, nicht aber über das Stadtfest, das an demselben Wochenende stattfand, und fügte hinzu: »Ich will die Rechten nicht in Schutz nehmen, aber es gibt immer einen, der provoziert, und einen, der sich provozieren lässt.«

Es hat sich nichts geändert an der Aussage: »Wenn man still ist, passiert einem nichts.« Es ist eine unfassbar dumme Einstellung, dass das Opfer von jedweder Gewalt, sei sie nun physisch oder verbal, selbst verantwortlich ist. Der Satz des Oberbürgermeisters Kloß ist exemplarisch für die Täter-Opfer-Umkehr. Er gesellt sich zu Aussagen wie »Vergewaltigte Frauen sind wegen ihrer Kleidung selbst schuld« und »Juden, die als Juden erkennbar sind, brauchen sich auch nicht wundern, wenn sie angegriffen werden«. So geschah es 2015 bei den Maccabi Games in Berlin, bei denen den Sportlern empfohlen wurde, nicht als Juden erkennbar zu sein. Wie soll man denn so allgemein als Jude erkennbar sein? Die Rassenbilder

der Nationalsozialisten funktionieren nicht – auch wenn sich manch einer das bis heute wünscht.

Wir lernen in den Schulen über Vorbilder wie die Geschwister Scholl, wir lernen (theoretisch), gegen Ungerechtigkeiten aufzustehen, den Mund aufzumachen. Wir gehen mit den (mehr oder weniger engagierten Lehrern) laut Lehrplan in Gedenkstätten jeder Art, wir lernen, dass Widerstand möglich war und ist, und werden dann ins Leben entlassen, um immer wieder zu hören, dass es besser ist, still zu sein. Besser nichts gefährden. Nicht unsere Karrieren, nicht unsere Familien, am wenigsten uns selbst. So hat man seine Ruhe und sein stilles deutsches Leben, in dem einem nichts passiert. Man zieht die Vorhänge zu, während draußen auf der Straße jemand zusammengeschlagen wird, weil er anders aussieht. Man starrt in den öffentlichen Verkehrsmitteln lieber stumm auf sein Handy, während jemand gedemütigt und beschimpft wird, statt wenigstens die Polizei anzurufen. Parteien wollen patriotischer werden, rücken immer weiter nach rechts und nennen die Dinge nicht beim Namen: Rassismus, Terrorismus und Hass, immer wieder Hass. Man wendet sich immer schön ab, schiebt die Verantwortung von sich, nach Dresden und überhaupt in den Osten, und tut so, als wäre es kein gesamtdeutsches Problem, keine deutsche Katastrophe, wenn überall im Land jene angegriffen werden, die wir schützen sollten.

Nein, wir haben kein Problem mit jungen Menschen und ihren Einstellungen. Die sind gut und gesund und voller Energie. Wir rauben diese Energie damit, dass es immer wieder heißt: Sei still, sag nichts, misch dich nicht ein. Und am Ende wird es wieder heißen: Wir konnten ja nichts tun. Wir haben von nichts gewusst.

Der koschere Laden, der schließen musste

Dieter gehört zu den Menschen, die man als Überlebende bezeichnet. Versteckt überlebte er als Kind die Schoah, er wurde Leistungssportler in Judo und Karate, er boxte. Er hat ein Händchen für Hunde, bildete sie als Drogen- und Sprengstoffsuchhunde aus. Er gründete eine Familie und lebte ein ganz normales Leben im Norden von Berlin.

Im Jahr 1996 eröffnet er in Tegel einen Tante-Emma-Laden. Der Laden wird gut besucht, ab fünf Uhr in der Früh bekommt man bei Richard gutes Frühstück. Im Jahr 2002 entschloss er sich, aus seinem Laden ein kleines koscheres Geschäft zu machen. Damals wie heute gab es nur wenige Geschäfte für koschere Lebensmittel in Berlin.

Das Geschäft war weiterhin erfolgreich, das Frühstück früh und gut wie immer. Der Imam der Moschee in der Nähe kam zum Mittagessen, freute sich über Hummus, Techina, Couscous – heute an fast jeder Ecke zu haben. Neue Kunden kamen hinzu, sie freuten sich über einen koscheren Imbiss und die kürzeren Wege zum koscheren Einkauf.

Doch nach vier Wochen änderte sich etwas. Morgens standen plötzlich Autos aus Brandenburg vor dem Geschäft. Kahl rasierte Männer pöbelten herum, schrien »Judensau«. Dieter sagte später, dass das noch die harmloseren Worte waren. Er begann, später am Tag zu öffnen, und nach ein paar Wochen schien der Spuk vorbei.

Doch dann wurden die Gäste, die vor dem Geschäft bei ihm aßen, immer öfter beschimpft, arabisch sprechende Menschen spuckten ins Essen und an die Scheiben des Ladens. Man verdeutlichte ihm, dass er verschwinden solle. Die Morgenroutine änderte sich für Dieter, er musste nun immer die Scheiben seines Ladens von Urin und Spucke reinigen. Eines Tages waren sie eingeschlagen, die Reifen seines Autos zerstochen. Dieter erstattete Anzeige.

Die Ermittlungen wurden bald eingestellt. Man hätte nicht ausreichende Fakten. Er war der Einzige, der Anzeige erstattete, die Kunden und andere Bewohner des Hauses äußerten zwar ihre Angst, zeigten jedoch nichts an. Dafür häuften sich andere Anzeigen: Die Lebensmittelaufsichtsbehörde kam mehrfach vorbei. Man traute den in hebräischer und englischer Sprache beschrifteten Lebensmitteln nicht, nahm Proben, meldete sich nicht mehr bis zur nächsten Anzeige gegen das Geschäft.

Nach und nach blieben die Stammgäste aus. Der Vermieter minderte die Miete, da er Dieters Lage kannte. Eine Hausbewohnerin wurde gegenüber den Tätern sehr deutlich und sagte ihnen, was sie von ihnen hielt. Menschen kamen extra in sein Geschäft, um sich solidarisch zu zeigen. Den größten Zuspruch bekam Dieter von den türkischen Muslimen der Gegend. Wohingegen sein Geschäftsnachbar, ein Weinhändler, zu dem gute Beziehungen bestanden, solange der Laden nicht koscher war, sich beim Vermieter beschwerte. Er verlangte, dass Dieter keine koscheren Weine führen soll, das sei geschäftsschädigend für ihn. Dass Dieter aus Rücksicht ausschließlich israelische koschere Weine führte, war bedeutungslos. Von den Hunderten Weinen des Nachbarn kam kein einziger aus Israel.

Dieter war allein mit den Angriffen. Die Kunden konnten kommen und gehen, er war ihnen immer ausgesetzt. Nach nur einem Jahr gab er das kleine koschere Geschäft auf. Nicht weil das Geschäft nicht mehr rentabel war. Dieter wollte so nicht mehr leben. Er ging mit seiner Familie nach Israel.

»Du Jude!« – Schulgeschichten

»Ich mag keine Juden«

Ich lausche den Worten der Guides im Jüdischen Museum. Will mehr erfahren, mehr lernen, mehr wissen. Die wunderbar fröhlichen Kinderführungen bringen strahlende Augen und Juchzen mit ins Haus. Uri führt sie dieses Mal, hier oben neben der Chuppa, neben dem Schabbattisch aus Glas sitzen sie, als Uri den großen Koffer auspackt, den großen Koffer mit Kippot, mit Tallit*, großen und kleinen jüdischen Dingen und vor allem mit koscheren Gummibärchen. Die Kinder erzählen, was sie über Juden wissen, über Judentum.

Ein Junge meldet sich: »Ich mag keine Juden!«

Er sagt es ganz fröhlich. Mein Herz krampft sich für einen Moment zusammen. Was sagt man einem Kind, das diese Überzeugung mitgegeben bekommen hat? Uri fragt ganz ruhig, ob er denn Juden kenne.

»Nein, aber das ist so.«

Uri fragt weiter: »Und wie findest du mich?«

»Du bist nett.«

»Nun, ich bin Jude.«

Die Tüte Gummibärchen geht herum. Kauende Kinder setzen Kippot auf, wickeln sich in einen Tallit. Prosten sich mit Kidduschbechern** zu. Sie haben Spaß. Vielleicht geht ein Jun-

---

* Tallit: der Gebetsmantel/-schal, wird traditionell zu den Gebeten am Tag getragen. Es geht vor allem um die an den vier Ecken angebrachten Fransen, die Zizit. Das Tragen dieser »an allen Ecken der Kleidung« ist ein biblisches Gebot.

** »Kiddusch: wörtlich »Heiligung«. Kidduschbecher sind meist prachtvolle Becher, oft aus Silber, aus denen an Schabbat und anderen Feiertagen der Wein getrunken wird, nachdem er gesegnet wurde.

ge an diesem Tag nach Hause und erzählt von dem Juden, der nett war. Vielleicht bleibt es in seinem Gedächtnis, und vielleicht wird er die Kraft haben, eines Tages zu widersprechen.

Wir wissen nicht, was aus dieser Geschichte wurde. Wir wissen nicht, ob die Begegnung etwas änderte. Wir wissen aber eines: Kinder werden nicht mit diesen Gedanken geboren. Sie werden ihnen irgendwann mitgegeben, sie schnappen sie irgendwo auf. Sie hören, dass Erwachsene oder Vorbilder Gruppen von Menschen aus vermeintlichen Gründen hassen.

Daniel verortet das Umschalten im Alter der fünften oder sechsten Klasse. Er ist Grundschullehrer an einer Berliner Schule. Was geschieht auf dem Weg, dass die Reaktion von Schülern in einer KZ-Gedenkstätte zum einen lautet: »Hier drin ist es kälter als draußen« und andere zu einem fröhlichen »Oh, hier drin wurden die also geburnt!« veranlasst.

Was passiert da? Und wie können wir dem begegnen? Die fast schon reflexhafte, geradezu hilflose Reaktion auf antisemitische Kommentare auf den Schulhöfen des Landes, wenn überhaupt darauf reagiert wird, ist üblicherweise, eine NS-Gedenkstätte zu besuchen, eine Dokumentation zum Nationalsozialismus im Unterricht zu sehen und zu glauben, das sollte helfen. Genau hier liegt der Trugschluss. Wann begann man zu glauben, dass mit einem Blick auf die Vergangenheit die Gegenwart geändert wird? Es kann etwas bewirken, es kann, es muss nicht. Ich beobachte eine immer geringere Fähigkeit, vom Gestern auf heute zu schließen, falls es sie je gab. Es wird über die Toten gesprochen. Ich höre Sätze wie: »Deshalb darf es keinen Judenhass geben.«

Doch Judenhass wie jeden anderen Rassismus darf es nicht nur nicht geben, weil man Millionen Menschen tötete. Es darf ihn generell nicht geben, weil er zerstörerisch ist. Weil er den humanistischen Grundlagen einer funktionierenden demokratischen Gesellschaft widerspricht und ein Zusammenleben unmöglich macht. Die Genozide der Welt stehen an seinem Endpunkt – doch bereits der Weg dahin muss versperrt werden. Es darf ihn nicht geben, weil es in einer lebenswerten Gesellschaft keinen Hass gegen einen Teil ihrer Mitglieder geben darf. Nicht, weil es verboten ist, Dinge zu sagen, sondern einzig und allein, weil es menschenverachtend ist. Weil es nichts bei uns oder irgendwo auf der Welt zu suchen hat. Weil Hass nie Gutes gebiert.

Es braucht keine wissenschaftlichen Ausführungen, es braucht keine Aneinanderreihung von Daten, es braucht Empathie. Ein Gut, das immer mehr verschwindet und bei dem in Kindergärten und Schulen angesetzt werden muss. Dafür braucht es eine andere Pädagogikausbildung. Es braucht mehr als zwei Wochenstunden »Interkulturelle Kommunikation«, um auf Hass im pädagogischen Umfeld einigermaßen vorbereitet zu sein, es braucht ein funktionierendes Lehrendenteam, das nicht selbst Ressentiments weiterträgt, es braucht Freiräume in der Gedenkstättenarbeit, und es braucht ein Vertrauen in die Gedanken und Gefühle der Kinder und Jugendlichen. Und vor allem braucht es ein Sprechen nicht nur über den Tod, sondern auch eines über das Leben. Jüdinnen und Juden wurden in diesem Land nicht nur ermordet. Sie sind keine Erscheinung der Vergangenheit, sie sind die Gegenwart. Projekte wie »Rent a Jew«, eine ehrenamtliche Initiative von Jüdinnen und Juden in ganz Deutschland, die vorrangig in Schulen gehen und über lebendiges Judentum in all seinen Ausprägungen sprechen, machen diese Gegenwart in Schulen lebendig erlebbar.

In Daniels Schule gibt es kein Wegsehen. Die Lehrenden versuchen ihr Bestes, Empathie und Wissen weiterzugeben. Doch auch an dieser Schule ist nicht alles gut.

»Jude« als Schimpfwort

Die Kollegin, mit der ich mir 2007 ein Büro teile, ist zufällig auch jüdisch. Ich muss nichts decodieren, nichts erklären. Wir verstehen einander. Wir sprechen über die kleinen und großen Dinge des Lebens. Über Beziehungen, Arbeit, Gemeinde, Kinder. Was man eben so redet, wenn man ein Büro teilt. Wir reden auch über die Schule, die Schule ihrer Töchter. Alles noch friedlich in der Grundschule. Natürlich gäbe es unter den Kindern schon Bemerkungen. Es ist auch 2007 normal, dass »Jude« als Schimpfwort auf Berliner Schulhöfen benutzt wird, ganz wie »schwul« oder »Spast«. Es findet nicht die Wege in die Zeitungen, es ist Alltag. Nichts auch, womit man nicht noch umgehen könnte. Es gehört wohl zu einem jüdischen Kinderleben in der Stadt, das zu hören. Die Große muss bald die Schule wechseln. Soll sie auf die jüdische Oberschule gehen? In Berlin hätte man die Wahl. In der Stadt kann man quasi seine gesamte Kindheit und Jugend in jüdischen Einrichtungen bestreiten.

Ist es aber gut, in einer jüdischen Blase zur Schule zu gehen? Sollte Marie nicht lernen, damit umzugehen, dass sie angefeindet wird? Schließlich wird sie später mit den Realitäten umgehen müssen. Oder ist es besser, sie so lange wie möglich all dem nicht auszusetzen und dafür in Kauf zu nehmen, dass diese Normalität mit hohen Zäunen, Polizeischutz und Sicherheitsdiensten erkauft wird? Was ist dann, wenn sie die Schule verlässt? Dann gibt es diesen Schutz nicht mehr. »Solange sie noch nicht handgreiflich werden.« Gedanken einer jüdischen Mutter. Antisemitismus, nachgeplappert, ist schon in der Grundschule normal. »Jude« als Schimpfwort ist länger auf deutschen Schulhöfen aktuell, als es die Medien wahrnehmen konnten – auch, wenn es keine jüdischen Kinder in der Schule gibt.

Jahre später wird man in den Medien entsetzt reagieren. Jüdinnen und Juden werden wieder denken: »Überraschung!« Es ist normal. Jüdische Normalität. Und dennoch, es ist nicht normal. Welche Eltern suchen die Schulen ihrer Kinder danach aus, wo sie nicht diskriminiert werden? Sobald Familien nicht der vermeintlich deutschen Norm entsprechen, stellt sich diese Frage. Hat mein Kind eine dunklere Hautfarbe, braucht es Schulbegleitung, mehr Förderung, ist das Kind ein sogenanntes »Arbeiterkind«, passt es nicht mehr in dieses System und hat viel zu oft nicht die gleichen Chancen. Wer denkt für seine Kinder den Schutz vor Hass quasi per Geburt mit? Wer muss an mehr denken als nur daran, dass die Schule für sein Kind passt, vielleicht auch Freunde dort hingehen werden, dass es nicht über- oder unterfordert wird?

Meine Kollegin lässt bei einem Tag der offenen Tür die Tochter selbst entscheiden. Sie wird letztendlich noch nicht die Schule wechseln und bis zum Abschluss der sechsten Klasse in der Grundschule bleiben. In Berlin sind manche Dinge eben anders, und manchmal hilft es, Entscheidungen vertagen zu können.

Ich denke darüber nach, wie ich entscheiden würde. In meiner Kindheit gab es keine Wahl. Wohin würde ich mein Kind zur Schule schicken? In den Kindergarten? Soll ich offen sagen, dass es ein jüdisches Kind ist? Soll ich ihm sagen, dass es mit Hass rechnen muss? Soll ich es irgendwie auf das vorbereiten, worauf man niemanden vorbereiten kann: gehasst zu werden, weil es zufällig in der Familie geboren ist, in die es geboren wurde?

Tobias geht in Leverkusen zur Schule. Er nimmt nicht am Religionsunterricht teil. In der Stunde beschäftigt er sich allein in einem gesonderten Raum. Eines Morgens fragt er seine Eltern: »Warum haben die Juden Jesus ermordet?« Es stellt sich heraus, dass er ohne Wissen der Eltern eine Stunde aus Raummangel am Religionsunterricht teilnahm. Ein Nachfragen bei der Schule, warum von der evangelischen Kirche Deutschland als antisemitisch eingeordnete Äußerungen noch immer in einer Grundschule im Religionsunterricht gelehrt werden, bleibt ohne Antwort und Folgen. Die Eltern fühlen sich hilflos und wissen nicht, an wen sie sich wenden sollen, um das Gespräch zu suchen. Wiederholte Versuche, mit der Schulleitung und der Lehrerin ins Gespräch zu kommen, scheitern an der Schule. Dass die Kinder der staatlichen Schule monatlich einen Gottesdienst aufsuchen müssen, wird mit »Das war schon immer so!« kommentiert. Andere religiöse Einrichtungen wie etwa Moscheen werden nicht aufgesucht, obwohl es einige muslimische Kinder gibt.

»Das sind ja nur Juden« –
ein jüdischer Lehrer erzählt

Daniel kam Ende der 1990er-Jahre nach Berlin, mit Anfang 20. Sein Jüdischsein war nie Thema zu Hause, im Alltag. Auch in Berlin ist es das nicht. Religion spielt keine Rolle. Er hat keinen jüdischen Freundeskreis, er feiert keine Feiertage oder geht gar in die Synagoge. Daniel ist Grundschullehrer in Berlin, erste bis sechste Klasse, das Einzugsgebiet umfasst Kreuzberg und Schöneberg. Seine Kollegen wissen zum Teil, dass er

Jude ist, weil sie ihn fragten. Er macht kein Geheimnis daraus, sagt es aber nie von sich aus. Warum auch? Es hat keine Bedeutung.

Eine Gesprächsnotiz aus dem Lehrerleben:

»Ich habe mir über die Jahre bei meinen Schülern einen gewissen Respekt erarbeitet. Wenn ich mich als Jude outen würde, bin ich mir sicher, dass ich diesen Respekt bei fünf bis sieben Schülern verspielt hätte. Es käme nicht gut an. Für mich als Lehrer wäre es ein deutlicher Rückschritt. Ich fragte auch einen Kollegen, von dem ich weiß, dass er Jude ist, ob er es sagt. Er hat schallend gelacht. An unserer Schule sind Lehrer noch Respektspersonen, wir haben es uns verdient, und es soll so bleiben.

Dennoch gab es bei mir eine Initialzündung, die die Dinge veränderte. Im Curriculum steht unter anderem auch, dass wir Flucht behandeln sollen. Ich habe vor etwa zweieinhalb Jahren Fluchtgeschichten mit ihnen gelesen, auch Fluchtgeschichten aus dem Nationalsozialismus. Während wir die Texte lasen und darüber diskutierten, kamen Kommentare wie ›Das sind ja nur Juden‹*, in einer Selbstverständlichkeit, ich wusste gar nicht, was ich darauf erwidern sollte. Ich war erst mal erschrocken. Es hat mir allerdings keine schlaflosen Nächte bereitet. Da ich aber die Ressentiments sah, habe ich einen Besuch im Jüdischen Museum veranlasst mit einer Führung zu den Gemeinsamkeiten der drei monotheistischen Religionen. Also, was haben sie gemein? Nicht immer die Unterschiede. Ich habe also die Führung gebucht, den Tag haben wir ausgemacht, und zu diesem speziellen Tag ist die Hälfte der Klasse nicht erschienen. Das hat mich sehr erschreckt und wirklich traurig gemacht. Die Schüler** brachten offizielle Ent-

---

* von Kindern mit arabischem Hintergrund

** Die nicht erschienenen Schüler hatten einen muslimischen Hintergrund, es blieben aber nicht alle muslimischen Kinder dem Museumsbesuch fern.

schuldigungszettel ihrer Eltern mit. Ins ›Judenmuseum‹ durften sie nicht. Es hat mich geprägt, schockiert, auch als nicht-religiöser Mensch. Ich bin damit zur Schulleitung gegangen. Wenn es um Themen wie bei diesen Fluchtgeschichten geht, merke ich die Ressentiments der einzelnen Schüler, man merkt auch als Lehrer, woher das kommt, dass es zu Hause am Küchentisch aufgeschnappt wird, im sonstigen Unterricht nicht. Auf dem Hof aber wieder laut und deutlich ›Du Jude‹ oder ›Du Schwuchtel‹. Früher habe ich das nicht gehört. Ich habe keine Angst. Es ist ein täglicher Kampf in Klassen mit fast 30 Schülern, sie zum Lernen zu bringen. Es wäre ein Stolperstein, wenn sie wüssten, dass ich Jude bin. Bei einigen Jungs wäre ich nicht mehr angesehen, und es würde mich um Jahre zurückwerfen.

Allerdings wird in meiner Schule nicht weggehört. Die Schule würde mich auch schützen, das weiß ich. Aber im Klassenraum bin ich allein mit den Kindern.

Der Antisemitismus ist lauter und aggressiver geworden, und er ist ansteckend. Man muss darauf reagieren, mit aller Härte des Gesetzes. Wer Recht übertritt, muss bestraft werden.

Ich persönlich nehme mich heute mehr als Jude wahr. Natürlich identifiziere ich mich mit den Opfern antisemitischer Gewalt, schließlich könnte ich auch den Gürtel über den Buckel bekommen. Ich denke mehr über Angst und auch Schutz nach. Ich habe dich gebeten, meinen Namen und meine Schule nicht zu nennen, das ist mein Schutz. Aber weggehen, das werde ich nicht. Das ist meine Stadt. Aber ich bin sensibilisierter und kämpfe jeden Tag meinen kleinen Kampf in der Schule. Ich versuche, den Schülern zu vermitteln, dass es wichtig ist, ein guter Mensch zu sein, also Mensch, nicht ein guter Moslem oder Jude oder Christ, einfach nur ein Mensch, dass man Empathie empfinden muss. Viele Kinder machen das so großartig. Das ist mein Kampf. Ich behandle 1933 bis 1945 nicht im Unterricht. Es ist nicht Teil des Lehrplans. Aber Flucht, das schon, wir haben doch die syrischen Kinder. Wie fühlt man sich, wenn man fliehen muss, wie kann man helfen? Man darf nicht immer auf den Nationalsozialismus reduzieren. Ich versuche, das Spektrum zu erweitern. Wir sprechen über die Feiertage, Chanukka, Zuckerfest, die Kinder stellen sie selbst vor.

Empathisch sein, das ist wichtig, aber Hass ist da und ein starkes Gefühl, es wird schwer, dagegen anzukommen.

Wo soll man ansetzen? Ich habe keine Kardinallösung. Es muss klar, wie neulich auf der Kippakundgebung[*] von muslimischer Seite, eine Verurteilung von Antisemitismus kommen, aber zu Hause, dort kommen wir nicht rein. In der Schule sprechen wir immer wieder, aber wir kommen nicht an den Küchentisch. Wo man da ansetzen soll, weiß ich nicht. Der Hass sitzt so tief, es ist so erschreckend und traurig. Dabei könnte man es so gut miteinander haben.«

Später berichtete Daniel davon, dass nach Beschimpfungen auf Schulhöfen und auch nach dem Wegbleiben der halben Schulklasse beim Museumsbesuch Schüler- und Elterngespräche stattfinden und Schüler ggf. sanktioniert werden, bis zum Schulverweis. »Diese Schule geht offen gegen Diskriminierungen vor, nicht nur, wenn es um die jüdischen Schülerinnen und Schüler geht. Dennoch: Meine Kinder würde ich nicht auf meine Schule schicken. Ich möchte sie nicht der Gefahr aussetzen, dass jemand ›Du Judensau‹ sagt, egal, in welchem Zusammenhang. Das will ich nicht. Ich würde sie aber auch nicht auf eine jüdische Schule schicken. Das will ich klarstellen.«

---

[*]   Gemeint ist die Solidaritätskundgebung für jüdisches Leben, zu der die Jüdische Gemeinde Berlin am 25. April 2018 in Reaktion auf den Angriff auf einen Kippa tragenden Mann in Prenzlauer Berg aufrief.

»Früher wär der doch vergast worden!« –
Wie geht man mit Hass im Klassenzimmer um?

Anfang der 2000er-Jahre absolvierte ich ein Schulpraktikum an einer Schule mit Schwerpunkt geistige Förderung. Die Klassen waren klein, meine Abschlussklasse hatte Schüler zwischen 16 und 18 Jahren. Ich bekam die Aufgabe, mich um Sebastian zu kümmern. Er sollte bald abschließen, und wir wollten gemeinsam herausfinden, was er später beruflich machen will. Andere Schüler bewarfen ihn in der Pause mit Papierkugeln. Sebastian sitzt ängstlich in der Ecke. Es sind große, kräftige Jungs, von denen man gemeinhin sagen würde, dass man ihnen nicht im Dunkeln begegnen möchte, würde man sie nicht kennen. Ich schreite ein, frage, was das soll, warum sie Sebastian drangsalierten. »Früher wär der doch vergast worden!«, bekomme ich als Antwort. Ich bin perplex und wütend. Nichts hat mich an der Uni auf solche Momente vorbereitet. Wir haben die Euthanasie behandelt, Rassenkunde im Dritten Reich, T4 … alles in der Vergangenheit. Wie ich damit heute umgehen soll, das war kein Thema.

Ich möchte am liebsten antworten: »Du auch!« Ich beiße mir auf die Zunge. Denke immer noch, dass ich etwas sagen muss. Ein »Mich auch« kommt mir über die Lippen, schneller, als ich denken kann. Ich kümmere mich um Sebastian, damit er sich beruhigt und wir weiter mögliche Arbeitsorte ansehen können.

Der große, kräftige Junge ist perplex. Er begreift nicht. Ich erkläre nicht weiter. Es wird in den nächsten Wochen kein Thema mehr sein. Es wird aber auch im Unterricht kein Thema sein. Ich frage meine Mentorin, wie ich hätte reagieren sollen, was tun, was sagen? Und wie sie damit umginge. Gar nicht. Sie geht darüber hinweg. Warum? Er habe doch auch irgendwie recht. Wir werden weiter im Studium nicht darüber sprechen, wie man mit Rassismus und Hass im Klassenraum umgeht. Im gesamten Studium gibt es nach meiner Erinnerung zwei Semesterwochenstunden, die wir zum Thema »Interkulturelle Kommunikation« absolvieren können. Damit sei alles abgedeckt. Ich wähle eine Vorlesung, in der es primär um die Mimikunterschiede in der Kommunikation mit Menschen aus Asien geht. Der Lehrende ist nebenher Berater für deutsche Wirtschaftsunternehmen.

Ich verstehe die Hilflosigkeit, der Lehrende ausgesetzt sind. Es fehlt massiv an Vorbereitung und Training in Fragen der Antirassismusarbeit, es fehlen ausreichend Angebote und vielleicht auch die Pflicht zur Fortbildung, es fehlt aber auch die innere Einstellung. Es darf im Lehrerzimmer nicht das Motto gelten: »Überhör's einfach! Wir wollen dem nicht so viel Bedeutung beimessen.«

Spätestens seit ein Geschichtslehrer den Ton in der rechtspopulistischen und zum Teil geschichtsverleugnenden AfD angibt, sollte klar geworden sein, dass das Wissen um die Geschehnisse nichts ändern wird. Wir müssen deutlich nachlegen. Es muss ein integraler, größerer Bestandteil der Lehrer- und Erzieherausbildung sein, damit umzugehen, und zwar eben nicht mit Gedenkstättenbesuchen, sondern dem Heute und Hier, und wir müssen uns sehr klarmachen: Es ist keine Phase. Es war hier und wird bleiben. Jetzt, 2018, wird es gesehen und wahrgenommen. Vielleicht gelingt es noch, das Ruder herumzureißen. Man muss es wollen. Dazu muss es auch einfacher möglich sein, Lehrer aus dem Schuldienst zu entfernen – und sie nicht nur bei Bezahlung freizustellen, Lehrer, die Hitlergrüße zeigen lassen, die den Holocaust leugnen, die heroische Soldatengeschichten erzählen, statt sachlichen Geschichtsunterricht zu geben.

Eine genaue Auswahl der Lehramtskandidaten nicht nur

nach Prüfungsnoten ist wichtig. Es sollte klar sein, dass man mit Erreichen des Beamtenstatus (nicht in allen Bundesländern) nicht machen kann, was man will. Erziehende und Lehrende tragen eine große Verantwortung für die Zukunft unserer Gesellschaft. Sie sollten dafür hoch geachtet, gefördert, wertgeschätzt und vor allem viel mehr unterstützt werden.

Es kann nicht sein, dass Lehrer kapitulieren und lieber den Mund halten, wenn Unrecht geschieht, dass sie von den Kolleginnen und Kollegen als Störenfried gesehen werden, wenn sie Probleme ansprechen: »Ach, jetzt kommt wieder die, die mit ihren Problemen!« Schule ist mehr als Stoffvermittlung. Lehrerinnen und Lehrer sind und bleiben Vorbilder, auch wenn das immer schwerer wird. Vielleicht sollte auch über ein Whistleblower-System für angstfreie Meldung von Diskriminierung für Lehrer und Schüler nachgedacht werden. Mir hätte es damals geholfen.

Schüler nach Herkunft aufzuteilen, mehr Schulen, in denen weniger Diversität zu finden ist, ist nicht der Weg. Alle Kinder werden mit den gleichen Voraussetzungen geboren, erst durch unsere Gesellschaft entsteht Chancenungleichheit. Wir wissen, dass Kinder aus einem Elternhaus mit sozio-ökonomisch hohem Status eine weitaus höhere Chance auf eine Schulempfehlung für Gymnasien haben als andere Kinder, auch die Sprachkenntnisse des Elternhauses spielen hierbei eine Rolle. Statt Kinder mit weniger guten Startvoraussetzungen mehr und kostenlos zu fördern und zu ermutigen und somit die Schere zwischen finanziell potentem Elternhaus und tatsächlicher Begabung zu schließen, schließen wir aus. Wir desillusionieren und ziehen Generationen von Menschen heran, die sich chancenlos fühlen – zu Recht. Dass sich diese Generationen zurückziehen in Kreise, in denen sie die Anerkennung erhalten, die ihnen sonst verwehrt wird, ist verständlich. Dass man sich darüber wundert, ist es nicht.

Drei vielleicht hilfreiche Projekte in Fragen Antisemitismus an Schulen seien an dieser Stelle exemplarisch erwähnt: Das »Kompetenzzentrum Prävention und Empowerment« bietet Beratung und Unterstützung bei Antisemitismus für Schüler, Eltern und auch Lehrer. Es hat nach den publik gewordenen Übergriffen auf einen jüdischen Schüler sofort Gesprächskreise und Beratung angeboten. Es bietet unter anderem auch Weiterbildungen für Lehrer an, mit diesen Situationen besser umzugehen.

Mit dem Projekt OFEK gibt es nun auch eine sowohl persönliche als auch telefonische Beratungs- und Interventionsstelle bei antisemitischer Gewalt und Diskriminierung.

Das Projekt »Rent a Jew« der Janusz-Korczak-Akademie München vermittelt deutschlandweit ehrenamtlich Jüdinnen und Juden, die beispielsweise in den Schulunterricht kommen und über ihr jüdisches Leben berichten.

Alle Angebote sind kostenlos.

Bildung macht den Unterschied? –
Der Antisemitismus der Kommilitonen

Während meines Studiums spielt mein Judentum kaum eine Rolle. Ich lese viele jüdische Bücher, von denen es auf dem deutschsprachigen Markt noch wenige gibt. Im hektischen Wechsel zwischen Seminaren und Vorlesungen fällt das niemandem auf.

Eine Kommilitonin, inzwischen eine Freundin, weiß um meinen Glauben, meine Suche, mein Verstehenwollen. Sie weiß, warum ich an manchen Tagen weder esse noch trinke, sie weiß, warum man mich am Freitagabend nicht zu Aktivitäten einladen sollte, und auch, was ich esse und nicht esse. Für sie scheint alles selbstverständlich. Ich denke, dass es immer so normal ist, so sein kann. Jeder nimmt Rücksicht auf die Eigenarten des anderen. Sie schenkt mir eine CD mit Liedern zur Erinnerung an Yitzchak Rabin. Dass diese »Selbstverständlichkeit« etwas ganz Besonderes sein würde, weiß ich erst später, Jahre später.

Das Semester geht seinem Ende entgegen. Es steht eine Klausur an. Wir beschließen, mit anderen Studierenden ein Wochenende an die Ostsee zu fahren. Die Stadt verlassen, die Nase in die frische Seeluft stecken, das Meer hören. Wir teilen uns auf diverse Autos auf. Hendrikje und ich fahren schon vor. Vor Sonnenuntergang sollten wir da sein. Es ist Freitag, der Schabbat beginnt. Reisen am Schabbat untersage ich mir in diesen Jahren. Wir werden schon für die anderen kochen und erwarten dort in Ruhe ihre Ankunft. Hendrikje und ich sind bald in der Ferienwohnung eingerichtet.

»Wo hast du deine Kerzen?«, höre ich sie im Schlafzimmer.

Ich habe meinen kleinen klappbaren Reiseschabbatleuchter eingepackt, der Hendrikje immer so amüsiert, und auch die Kerzen. Das Essen ist fertig. Der große Tisch gedeckt. Ich schaue auf die Uhr, genau richtig zum Kerzenanzünden. Das Zischen der Streichhölzer, die Berührung der Dochte, meine Hände kreisen über den beiden Kerzen, wie es die Hände von Millionen Jüdinnen und Juden jeden Freitagabend bei Sonnenuntergang tun. Endlich Schabbat. Hendrikje steht neben mir. Ich spreche den Segen. Ich sehe, dass sie ihre Augen geschlossen hat. Wie aufs Stichwort hören wir die Autotüren der anderen. Ihre Ankunft bringt die winterliche Kälte herein. Wir sind zu siebt am Tisch. Endlich Pause. Die letzten Wochen waren anstrengend. Es ist ein schönes Essen. Endlich nicht mehr hetzen. Endlich privat sein dürfen. Irgendwann bemerkt Olaf, dass ein Essen bei Kerzenlicht genau das sei, was wir brauchten.

Hendrikje murmelt: »Schabbatkerzen, es ist Schabbat.«

Erstaunte Augen wenden sich ihr zu.

»Du bist Jüdin?«

»Ich nicht, Juna.« Sie nickt zu mir rüber.

Alle Augen richten sich auf mich. Gewöhnlich sind die Reaktionen gleich: stutzen. Ich sehe die Gedanken in den Köpfen kreisen. Vermutlich versucht man, mich einzuordnen. Was genau in ihnen vorgeht, ich weiß es nicht. Ist das Stutzen beendet, höre ich gewöhnlich entweder von den Familiengeschichten, dass es irgendeine Dreieckencousine gab, die dem Vernehmen nach Jüdin war oder mindestens jemanden kannte, der Jude war. Ich höre von Urgroß- und Großvätern, die in der Schutzstaffel Adolf Hitler waren, aber immer gegen all das waren, was dort passierte. Ich höre davon, ich höre von den Verstecken von Juden, höre, wie Familien Juden halfen, indem sie deren Hab und Gut übernahmen – gegen Geld oder auch nicht. »Aber da kam ja nie jemand, um es zurückzufordern.«

Nach ihnen gesucht hat niemand, kaum hinterfragt, woher so scheinbar unpassende Objekte in den Familien kamen.

Ich höre von Denkmalen, dass man auch schon in dieser oder jenen Gedenkstätte war, dass damals alles schrecklich war, dass man aber nichts tun konnte, weil es ums eigene Leben ging. Ich höre viel. Doch nichts, nichts ist mehr, wie es vorher war. Meine Anwesenheit, das Wissen um meine Religion, mein Volk, scheint einen Rechtfertigungsdruck auszulösen, der mir unangenehm ist. Vermutlich deshalb krame ich meinen Urgroßvater heraus, der kein Jude, dafür Kommunist war, der die KZs »besuchte«, als sie kaum in Betrieb waren, der irgendwann verschwand, weil er eines nie gemacht hat: aufhören gegen den Nationalsozialismus zu kämpfen. Ich habe ihn nicht gefunden. Seine Spur verliert sich. Er bleibt verschwunden.

An diesem Abend aber, zu Beginn des Schabbats, passiert etwas anderes. Mich starren Augen an mit einem Blick, den ich bis heute schwer aushalten kann. Vorbei das Wochenende mit Freunden, der Abstand von Studium und Arbeit.

»Wie kannst du so was unterstützen?«, fragt Silke und schaut mich herausfordernd an.

»Wie, was unterstütze ich?«

»Diese religionsgestützte Frauenverachtung. Das Judentum unterdrückt seine Frauen. Nichts dürfen sie. Sogar in der Synagoge werden sie verbannt, damit man sie nicht sieht.«

Ich weiß nicht, was ich sagen soll. In meiner Religion haben die Frauen das Sagen – zu Hause und in der Synagoge. Sie organisieren die G'ttesdienste, sie leiten sie, sie sind die Mehrheit in der Synagoge, sie zählen zum Minjan*, der an anderen Orten vielleicht nur Männer zählen mag. Im Judentum habe

---

* Im traditionellen Judentum das Quorum an zehn jüdischen Männern, die für einen G'ttesdienst nötig sind. Im liberalen und konservativen Judentum zählt man die Frauen dazu.

ich die Wahl. Ich habe mich bewusst für dieses Judentum ent-schieden, in dem Frauen und Männer die gleichen Rechte und Pflichten haben, sowohl im G'ttesdienst als auch im Leben.

»Aber das stimmt doch nicht, Silke! Zum einen ist es eine Interpretationsfrage. Wenn du es als Unterdrückung ansiehst, dass Frauen von den zeitlich gebundenen Gebeten befreit sind, bitte. Ein Großteil der Juden heute aber ist in egalitären Gemeinden …«, weiter komme ich nicht.

Silke lässt mich nicht zu Wort kommen. Ein Schwall von Vorurteilen, Halbwissen und viel Wut prasseln auf mich nie-der. Die anderen sagen kein Wort. Ich lasse Silke reden, sich ereifern, hoffe, dass sie sich beruhigen wird und ich er-zählen kann.

Erzählen von Glickl bas Judah Leib, der Kauffrau und der ersten Autorin einer weiblichen Autobiografie in Deutsch-land. Sie, die europaweit Handel trieb, mit ihren Kindern brieflich in Kontakt blieb in einer Welt, in der Lesen und Schreiben für nichtjüdische Frauen alles andere als normal war, geschweige denn selbstständig zu arbeiten. Ich will erzäh-len von Berta Pappenheim, die nicht nur ein oftmals über-kommenes Frauenbild in jüdischen Kreisen als auch in der Gesellschaft bekämpfte. Sie, die die Prinzipien jüdischer So-zialarbeit begründete, die Mädchen und Frauen ein Heim bot, statt sie dem Mädchenhandel anheimfallen zu lassen. Sie musste die Zerstörung ihres Lebenswerkes nicht mehr erle-ben.

Ich will erzählen von Ida Dehmel, der Frau, die die Künst-lerinnen förderte, die für Gleichberechtigung kämpfte, will erzählen von den Salonnièren, die wieder in Mode gerieten, jüdische Frauen wie Rahel Varnhagen und Henriette Herz, oder von der Berlinerin Regina Jonas, der ersten Rabbinerin, die sich partout nicht von ihrem Weg abbringen ließ. Die, ganz jüdisch, mit Argumentationen überzeugen konnte, ihre

Abschlussarbeit stellte die Frage: »Kann die Frau das rabbinische Amt bekleiden?« Ja, sie kann. Sie wurde im Dezember 1944 ermordet, und es sollte bis 1972 dauern, bis wieder eine Rabbinerin ordiniert würde. Oder meinethalben von Barbra Streisand ...

Das Judentum ist seit biblischen Zeiten voller Geschichten von starken Frauen, die widerstanden, die ihren Weg gingen, und selbst jene, die als »unterdrückt« gesehen werden, werden vielleicht einfach nur nicht verstanden. Es wird nicht gesehen, dass auch viele der orthodoxen Frauen heute Vollzeitjobs haben, dass sie studiert haben und keineswegs auf Kinder und Küche reduziert werden. Aber es gibt es auch jene, zu denen meine Freundin Shira gehörte. Zwar lernte ihr Mann sie als selbstständige Frau kennen, sie musste sich jedoch nach der Heirat und dem Umzug in die streng orthodoxe Gemeinde in Boston gänzlich unterordnen. Sie war nur noch für den Haushalt zuständig. Als sie keine Kinder bekam, wurde bereits weit vor der vorgeschriebenen Zeit eine Scheidung wegen Unfruchtbarkeit vom örtlichen Rabbiner gefordert. Shira schüttete mir in ihren Briefen ihr Herz aus und hielt dennoch an dem Leben fest, das sie aus Geldmangel an eine kleine Kellerwohnung band. Ihr Mann arbeitete nicht, sie fand einen kleinen Job. Die Schikanen der Gemeindemitglieder in der geschlossenen Gemeinde reichten so weit, dass gemeldet wurde, wenn eine Haarsträhne unter ihrem Kopftuch hervorragte oder sie bei der Gartenarbeit die Ärmel über die Ellbogen zog.

Diese Art gelebtes Judentum ist nicht das meine. Auch Shira entkam ihm irgendwann. Sie kehrte zurück nach Europa.

Es ist kaum bekannt, dass seit der Entstehung des Reformjudentums im 19. Jahrhundert die religiöse Gleichberechtigung in liberalen jüdischen Kreisen eine Selbstverständlichkeit wurde. Dass, als Folge der Schoah, diese Kreise in ihrem

Geburtsland Deutschland zerstört wurden, ist ebenso nicht bekannt. Erst seit den 1990er-Jahren kämpft sich das liberale Judentum in Deutschland zurück. Obwohl ihm vor dem Krieg die Mehrheit der deutschen Juden angehörten, haben es liberale Jüdinnen und Juden mit und ohne Funktion noch immer schwer, anerkannt zu werden.

Ich will Silke erzählen, dass ich in keine Synagoge gehe, in der das nicht gelebt wird. Doch Silke lässt mich nicht reden. Ich erkenne sie nicht wieder. Ein paarmal versucht man mit einem wenig engagierten »Silke, lass doch …« ihren Redeschwall zu unterdrücken. Sie blafft mich an, ich möge mir meine Rechtfertigungsrede für andere aufheben, die sich nicht so gut auskennen wie sie. Sie schnappt sich ihre Sachen, verlässt Tisch und Raum. Betretenes Schweigen.

Mir ist zum Heulen. Was ist an mir jetzt anders als vorher? Was ändert sich an meiner Person, weil Ihr jetzt wisst, dass ich Jüdin bin? Ich frage nicht. Hendrikje ist empört, entsetzt, fassungslos. Und dennoch. Es geht nicht um sie. Es geht um mich. Um mich, die ich wieder in eine Schublade gesteckt werde. Ich stehe symbolisch für ein Bild, das Menschen wie Silke vom Judentum haben. Sie sehen nicht mich, sie sind nicht interessiert an dem, was ich zu sagen habe. Hier an diesem Schabbattisch gab es die Gelegenheit zu sprechen. Es passierte nicht. Wir kehren nach Berlin zurück. Von den sechs Freunden bleibt am Ende nur Hendrikje. Die anderen, sie ziehen sich zurück. Auch für sie scheine ich nun eine andere zu sein. Und ich frage mich: Warum?

Bewerbungsgespräche –
»Nicht auffallen ist wohl besser«

»Goldberg ist Ihr Name. Sind Sie Jüdin?«

Anna ist Architektin, sie will in dieser Firma arbeiten. Hier, wo die Dinge anders laufen. Seit sie sie angefragt haben, ob sie sich vorstellen könnte, bei ihnen zu arbeiten, die neue Außenstelle zu leiten, hat sie die Nächte durchgearbeitet, ihre Mappe erstellt, ein Projekt entwickelt. Die Präsentation läuft gut. Sie fühlt sich gut. Keine Sekunden der Unsicherheit. Alles kann sie ohne Zögern beantworten. Perfekt könnte man sagen. Hier will sie hin. Zum Ende des Gesprächs schaut der Chef noch einmal in ihre Akten.

»Goldberg ist Ihr Name. Sind Sie Jüdin?«

Anna bejaht die Frage. Es gibt keinen Grund des Verbergens. Es sind alles gebildete Menschen hier, und was sollte Religion in der Architektur schon für eine Rolle spielen?

Anna wird nie wieder von der Firma hören. Nicht einmal eine Absage bekommt sie. Bei einem Anruf Wochen später sagt man ihr, man wird sich melden. Man tut es nicht.

Handelt es sich um Antisemitismus? Man weiß es nicht. Merkwürdig ist es und hat einen üblen Beigeschmack. Heute führt Anna es auf die letzte Frage zurück, ob sie Jüdin sei. Sie glaubt, dass sie abgelehnt wurde, weil sie Jüdin ist.

Benjamin ist Ingenieur. In seinen eigenen Worten schildert er eine Bewerbungssituation:

»Ich schreibe es in die Bewerbung. Englisch. Französisch. Und? Und Hebräisch. Ich bin mutig. Zum ersten Mal. Ich will einen neuen Job. Ich will weg. Ein Bekannter empfiehlt mir die Firma. Junge Leute. Angenehme Atmosphäre. Etwas außerhalb der einzigen großen Stadt im Land. Freunde raten mir ab. ›Mach das nicht! Warum unnötig Fragen aufwerfen?‹ Warum nicht? Ich bereite mich vor. Ich bin Ingenieur. Ich versuche, Informationen über die Firma einzuholen, aktuelle Projekte. Regionale Auswirkungen.

›Sie haben ein paar ungewöhnliche Punkte in Ihrem Lebenslauf. Amerika ...‹ Ich nicke.* Bin angespannt. Sehe mich im Raum um. Er nimmt die Papiere in die Hand.

›Das mit Hebräisch? Hat das familiäre Gründe?‹

Ich starre ihn an. Der Hinweis war als Weltgewandtheit gedacht. International. So wie es auf der Webseite steht. Ich hole Luft. Gleichzeitig bewundere ich ihn für die Formulierung.

›Familiäre Gründe‹, nicke ich, ›ja.‹

Die Antwort, die ich bekomme: ›Dachte ich mir. Interessant.‹«

Die Stelle bekam er nicht und schreibt mir über seinen weiteren Weg: »Ich habe das Hebräisch aus dem Lebenslauf gestrichen. Nicht auffallen ist wohl besser. Ich schäme mich dafür.«

Ich selbst habe immer in Bereichen gearbeitet, wo Hebräischkenntnisse praktisch von Vorteil waren. Würde ich mich allerdings wie Benjamin auf dem freien Markt bewerben müssen, ich würde es halten wie er: Nicht auffallen ist wohl besser.

---

* Benjamin hat einen Großteil seines Lebens in den USA verbracht.

Wachschutz – Schutz?

Eine Freundin erzählt, dass eine jüdische Organisation für eine Konferenz Räume im Jüdischen Museum gemietet hatte. Die Vorbereitungen begannen früh am Morgen. Besucher waren noch nicht im Haus. Ein Sicherheitsmann, der an diesem Morgen an dieser Stelle eigentlich nichts zu suchen hatte, trieb sich dennoch auf den Fluren herum. Vermutlich auf der Suche nach Unterhaltung. Er war bekannt dafür, dass er besonders Mitarbeiterinnen zu nahe kam, nicht lockerließ. An diesem Morgen sagte er zu meiner Freundin, die für den Empfang der Konferenzteilnehmer zuständig war: »Da sind sie ja, meine Freunde!« Sie fragte verwundert nach, was er damit meine. Ein Kopfnicken zu den Gästen und das symbolische Zerschneiden der Kehle war die Antwort. »Das meinst du nicht so?« Doch, er meinte das so.

Sie meldete den Vorfall. Es war nicht der erste dieser Art mit diesem Mitarbeiter. Der Mann wurde nicht entlassen. Er musste lediglich zusichern, dass er keine Kontakte zur rechten Szene hege. Dass er es dennoch tat, begleitend auf Demonstrationen dabei war, war bekannt. War es Personalmangel? Waren es interne Kontakte? War es ein Augenverschließen, wo man nicht wegsehen darf?

Mir läuft immer noch ein Schauer über den Rücken, wenn ich daran denke. Gelegentlich sehe ich ihn noch heute in einem anderen Museum wieder. Er ist kein Einzelfall, gerade in diesem Geschäft. Der Fall machte keine Schlagzeilen. Ein anderer Vorfall aus dem Berliner Alten Museum, erzählt von Thomas: »Es war 2013 oder 2014. Da gab es drei Wachleute, die rassistisch auffielen, und zwei im Neuen Museum. Die vom Alten Museum sind NPD-Mitglieder, während einer Anti-Antifa ist. Das mit der NPD-Mitgliedschaft war bekannt. Der von der Anti-Antifa hatte Buttons an seiner Kleidung. Er war Veganer und machte Stimmung gegen eine asiatische Markthalle. Er sagte, die Chinesen solle man so wie die Fische, die sie züchten, behandeln. Er selbst würde nur brandenburgische Produkte essen. Es war die Zeit, als das römische Mosaik ›Jäger und Gejagte‹ aus Lod in Israel im Alten Museum gezeigt wurde. In Bezug zum Mosaik meinte er, dass so viele Israelis kommen würden, weil sie an das Leiden der Tiere gewöhnt sind mit ihrem Schlachten.

Das hat er mit den Kolleginnen an der Kasse und der Garderobe besprochen. Er arbeitete auch an der Kasse. Als ein israelisches Paar kam, hat er gesagt: ›Ihr sollt Deutsch reden.‹ Ich habe das gehört und es gemeldet. Danach durfte er nicht mehr an der Kasse arbeiten. Es gab noch einen Fall, der im Neuen Museum passiert ist, aber ich kann mich nicht mehr genau erinnern. Ich glaube nicht, dass es besser geworden ist dort.«

Ein Wachmitarbeiter in der Topografie des Terrors sagte mir einmal nebenher, dass es richtig gewesen sei, was damals passiert ist. Er wurde aus diesem Arbeitsbereich in dem Haus entfernt. Auch ihn sah ich wieder – in einer Gedenkstätte. So sensible Aufgabenbereiche wie die Service- und Sicherheitsleistungen in Museen outzusourcen, öffnet Tür und Tor für solche Vorkommnisse. Aber auch fest angestellt zu sein ist kein Garant für nichtdiskriminierendes Verhalten.

So sagte mir eine Mitarbeiterin des Jüdischen Museums: »Na, wenn de dir mal ankuckst, was da in der Berliner Gemeinde abgeht, braucht man sich auch nicht wundern, warum die Leute Juden nicht leiden können.« Sie selbst arbeitete vor ihrer Anstellung im Jüdischen Museum als Angestellte einer

Sicherheitsfirma für die Jüdische Gemeinde Berlin. Auslöser für ihren Kommentar waren die umfangreichen Sicherheitsvorbereitungen aufgrund des Besuchs des damaligen israelischen Ministerpräsidenten Ehud Olmert im Februar 2008. Es war nicht die einzige Bemerkung dieser Art von ihr. Sie lebt inzwischen nicht mehr in Berlin.

Nicht ganz ohne Grund greifen jüdische Einrichtungen zusätzlich auf dezidiert jüdischen Wachschutz zurück und hoffen, dass der ebenfalls zuständige Objektschutz der Berliner Polizei seine Neutralität bewahrt. Schutz ist in jedem Fall relativ.

Wo aber liegt das Problem? Wird in den Firmen darüber nicht gesprochen? Wird es hingenommen? Stimmt man mit diesen Meinungen überein? Schädigt man nicht viel mehr die Mitarbeiterinnen und Mitarbeiter, die eben nicht so denken? Die mit solchen Menschen arbeiten müssen? Und sehen die Häuser bewusst weg? Wie weit geht das Outsourcing, wenn man selbst sich nicht mehr dafür interessiert, wer im Haus arbeitet, wenn man die Mitarbeiter nicht mehr kennt. Ein paar Floskeln im Auftrag schützen nicht davor, diese Erfahrungen zu machen. Sie machen es vielleicht leichter, diese Mitarbeiter aus der Arbeit entfernen zu können. Im Kern aber ändert es nichts. Schutz jedenfalls – egal, ob Museumsstücke, Gebäude oder Menschen – stelle ich mir anders vor.

Philosemiten oder alles schön-hassen

»Ich freue mich, endlich eine jüdische Freundin zu haben.«
Freundin? »Ich bin nicht deine Freundin, ich bin deine Kollegin.«
»Nun, dann freue ich mich, eine jüdische Kollegin zu haben.«

Weder weiß ich in diesem Moment, was mein Jüdischsein mit meiner Arbeit zu tun haben sollte, noch will ich von irgendwem als Freundin auserkoren werden, weil ich Jüdin bin. Ich bin keine Dekoration, keine Bestätigung, kein Prädikat für irgendetwas. Ich bin ein Mensch. Ein Mensch, der eben jüdisch ist. Na, und?

Menschen, die in Juden in vermeintlich positivem Sinne nur Gutes sehen, eine Form des positiven Antisemitismus pflegen, nennt man Philosemiten. Es werden jüdischen Menschen Eigenschaften zugeschrieben, die nicht notwendigerweise vorhanden sind. So sollen Juden etwa klügere, weisere, reichere, bessere Menschen sein. Erfüllen sie die Vorstellungen des Philosemiten nicht, und das geschieht schnell, schließlich sind Juden Menschen und keine Maschinen, kann das übersteigerte, meist wohlwollend Hochmütige ins Gegenteil umschlagen. Als Zielobjekt dieses Philosemitismus hat man keine Chance. Weiß man, welche Vorstellungen dieser Mensch über die eigenen Eigenschaften hat? Man kann nicht mehr Mensch sein, hat kein Recht auf Irrtum. Man muss Übermensch sein. Wird zwangsläufig enttäuschen. Wie ich diese eine Kollegin. Ich war eben nicht dankbar für diesen Antrag. Ich freute mich nicht über ihre Freude und ließ mich nicht als Trophäe vorzeigen. Ich bin nicht anders als andere Menschen mit einer ähnlichen Biografie.

Natürlich gibt es genügend Menschen, auch unter Juden, die mit diesem Anderssein spielen, die auch anders, besonders behandelt werden wollen. Ich bin solchen Menschen begegnet. Sie sind mir fremd. Doch sie sind so, nicht weil sie Juden, homosexuell, lila oder sechsbeinig sind, sie sind so, weil sie Menschen sind. Mit allen Fehlern und Eigentümlichkeiten, die Menschen nun mal aufweisen und weshalb sie letztlich doch auch spannend sind. Wie langweilig wäre es, wären alle gleich.

Die Kollegin selbst hat ihr ganzes Leben auf ihr Hingezogensein zum Judentum ausgerichtet. Sie hat sich durch ein Studium gekämpft, das sie nicht mochte, um in einem Job, den sie nicht mochte, in einem Haus zu arbeiten, in dem die Wahrscheinlichkeit, auf jüdische Menschen zu treffen, in ihren Augen größer war als an anderen Orten. In ihren Augen sind alle jüdischen Menschen gut, alles jüdische Essen ist gut, alle vermeintlich jüdischen Bands sind gut, alles, was »irgendwie jüdisch« ist, ist gut. Bis es das eben doch nicht mehr ist. Da ich die Abteilung schnell wieder verlasse, kommt es nicht zum Zusammenstoß. Ich bin erleichtert, dass ich nicht unter der ständigen Anspannung arbeiten muss, etwas vermeintlich falsch zu machen.

Ich kann nicht unbefangen sein im Umgang mit diesen Menschen, ich werde schnell misstrauisch, wenn mir überpositive Dinge gesagt werden. Ist es auch noch so gut gemeint. Halte dich fern von Anti- und Philosemiten, schaden werden beide. Das Problem nur ist, die Antisemiten erkennt man zumeist schnell und deutlich, bei den Philosemiten kann es manchmal etwas dauern. Sie sind nicht so leicht zu erkennen. Sie kommen im Mantel des Guten daher und bleiben es nur so lange, wie man sich nach ihren Regeln richtet. Sie wollen nicht zuhören, sie wissen bereits alles. Der Einzelne zählt nicht. So nimmt es nicht wunder, dass man Wandlungen vom »Judenversteher zum Judenhasser« beobachten kann, dass vielleicht auch die einstige Liebe zu Israel inzwischen zu Hass wird, erfüllt doch die Angebetete nicht, was man in ihr sah, und ist nicht die strahlende Prinzessin, sondern das ganz normale Mädchen von gegenüber mit all seinen Macken und Kanten. Die Überhöhung von Menschen kann im Realitätscheck nicht gut enden.

Der wohl vermutlich berühmteste Philosemit, der zum Antisemiten wurde, wurde 2017 betrunken gefeiert: Martin Luther. Platz, sich mit dieser Seite des Begründers der evangelischen Kirche auseinanderzusetzen, war nicht viel. Es ist kleinen Initiativen und vor allem der Öffentlichkeit zu verdanken, dass sie nicht ganz unter den Tisch gekehrt wurde. Nicht erst Luther dachte, er könne mit einer Reform des christlichen Glaubens die Juden bekehren. Er lernte von ihnen, war ihnen zugewandt. Doch die »verstockten Juden« ließen sich auch von ihm nicht bekehren. Der Hass begann.

»Sie brauchen sich dann aber nicht wundern« – Der wohlwollende Antisemit

Drei Seiten lang ist der Brief, der an den Besucherservice des Jüdischen Museums Berlin gerichtet ist. Drei sorgfältig formulierte Seiten darüber, wie sie vor zwei Monaten vor verschlossenen Türen des Hauses standen. Nur an wenigen Tagen des Jahres hat das Haus geschlossen. Gelegentlich kommt es aus bestimmten Gründen zu Sonderschließungen. Diese werden langfristig angekündigt, stehen prominent auf der Webseite, und auch in den Programmen wird darauf hingewiesen. Ehepaar P. hatte offensichtlich das Pech, dass sie genau an einem dieser Tage nach Berlin reisten, um das Museum zu besuchen. Ihre langwierigen Vorbereitungen schildern sie ausführlich. Stellen großzügig fest, dass sie sich entschieden haben, sich ihre Fahrtkosten nicht vom Haus ersetzen lassen zu wollen, dennoch schreiben sie diesen Brief nach langem Überlegen. Denn es ist doch so, dass sie offen und positiv gegenüber den Juden eingestellt sind. Aber wenn man das so macht, dann brauche man sich nicht über den Hass zu wundern.

Ein staatliches Museum ist damit also schuld am Antisemitismus. Die vermeintlich wohlwollende Bevormundung der jüdischen Gemeinschaft, die brav dankbar zu sein hat, sie ist ein gängiges Muster. Man muss dankbar für jeden Stolperstein sein, jede Gedenkstunde und jeden Klezmerabend. Muss man das? Warum muss ich das?

Jeder Jude wird es mindestens einmal erlebt haben: den wohlmeinenden Schulmeister, der belehren will. Der nicht merkt, wie tief die Vorurteile in ihm sitzen, der es natürlich immer weit von sich weisen wird. Er meint es ja nur gut mit dem bockigen Juden. Seit Luther geht das so. »Der Jude« soll dankbar sein; ist er es nicht, entspricht er nicht dem Bild, das man sich von ihm machte, wird es schwierig. Dass ich Philosemiten in der Tat oft problematischer finde als Antisemiten, wird selten verstanden. So erinnere ich mich an Zuschriften ans Jüdische Museum, in denen sich Besucher über Kleinigkeiten beschwerten. An sich kein Problem, nur beendeten sie gern ihre Zuschriften in der Art: »Wir schreiben Ihnen das nur, weil Sie, so Sie das nicht beheben, sich nicht wundern sollten, wenn Juden [nicht das Museum oder die Mitarbeiter] so gehasst werden.« Warum alle Juden dafür haften sollen, dass jemand seine regennasse Jacke an der kostenlosen Garderobe abgeben soll, erschließt sich mir nicht. Außer dass hier jemand mit zweierlei Maß misst. Juden im Ganzen sollen dankbar sein dafür, dass man sie über ihre Fehler belehrt. Leider kein Einzelfall, sondern Alltag, diese Belehrungen zu unserem vermeintlich Besten.

Schildere ich dann und wann Begebenheiten, höre ich, dass das doch gar nicht so gemeint ist, dass das doch sicher ganz anders gemeint war. Wir können mutmaßen. Wir werden es nicht wissen. Sicher ist nur, das Empfinden des Einzelnen zählt. Sage ich dem Opfer von Hass, so wäre das doch sicher nicht gemeint gewesen, helfe ich ihm damit nicht weiter. Die Gefühle, die Empfindungen ernst nehmen. Vielleicht hätte man selbst ganz anders reagiert. Vielleicht auch nicht. Doch immer wieder auch höre ich heute, dass Menschen gar keinen Antisemitismus in ihrem Umfeld sehen, nichtjüdische Menschen sagen das. Ich frage dann, wie oft es denn thematisiert wurde. Ob es jüdische Menschen im Umfeld gibt. Gewöhnlich ist das nicht der Fall. Nur weil ein Mensch, ob Jude oder nicht,

Antisemitismus nicht selbst erlebt, heißt es nicht, dass er nicht da ist. Er wird erlebt, und nur wenige sprechen darüber außerhalb ihres geschützten Rahmens. Nicht umsonst gibt es nicht nur für jüdische Menschen Räume zum Empowerment, in denen gesprochen werden kann, in denen sich nicht gerechtfertigt werden muss, in denen man wieder zu Kraft kommen kann. In diesen Räumen wird gesprochen, im engsten Kreis, in der Familie vielleicht. Vielleicht sollten wir mehr öffentlich machen. Vielleicht reicht es aber auch, zu verfolgen, was etwa die Meldestelle Antisemitismus (RIAS) regelmäßig in den sozialen Medien veröffentlicht. An den RIAS kann man sich vertrauensvoll wenden und erfährt im Notfall juristische Beratung statt dummer Sprüche. Diese Räume sind unglaublich wichtig.

Im Netz beobachte ich eines Tages eine Diskussion auf Twitter über antisemitische Erlebnisse. Da berichtet jemand vom täglichen Antisemitismus, der ihm widerfährt. Eine andere Person sagt, das könne nicht sein. Sie habe anderes von anderen gehört.

Da berichtet eine Frau von einer Belästigung durch einen Mann. Man sagt ihr, sie solle sich freuen, es sei ein Kompliment und sie habe es auch selbst verschuldet.

Da berichtet eine Muslima über die Schmähungen, die sie erlebt, weil sie ihr Kopftuch trägt. Man sagt ihr, sie sei selbst schuld.

Da berichtet jemand, er fände keine Arbeit, weil er keinen deutschen Namen hat.

Da sagt Müller/Meier/Schulze, so etwas gäbe es nicht, er habe das noch nie gehört.

Da berichten Autisten über ihr Erleben der Welt.

Da sagen andere, das kann so nicht sein. Ich habe etwas anderes gelesen.

Da berichten Rollstuhlfahrer von der fehlenden Barrierefreiheit.

Da sagen andere, ja, aber da und dort kommt ihr doch rein. Man kann doch schließlich nicht alles befahrbar machen.

Diese kleinen Geschichten sind es, die sich häufen. Irgendwann sagte man dem Kind: »Schließ nicht von dich auf andere. Das Bild ist größer. Versuche, es zu sehen. Vielleicht wirst du es verstehen.« Es ist das, was ich vermisse. Es wird täglich von sich auf andere geschlossen. Menschen wird ihr Erleben, ihr Fühlen abgesprochen, von denen eine Außenperson doch keine Ahnung haben kann. Gleichzeitig hören wir nicht wirklich zu. Wir wissen alles besser. Wir sagen anderen Menschen, was sie wirklich erlebt und gefühlt haben, was sie zu fühlen haben. Wir lassen keinen Widerspruch zu.

Sind wir nicht mehr in der Lage, Unterschiede zuzulassen? Sind wir nicht mehr in der Lage, zuzuhören? Sind wir nicht mehr in der Lage, Dinge, die wir (zum Glück) nicht erlebten, dennoch zu glauben? Sind wir nicht mehr in der Lage, zu akzeptieren, dass andere in anderen Situationen anders fühlen? Sind wir nicht mehr in der Lage, Mitgefühl zu versuchen und, selbst wenn wir die Situation nicht verstehen können, einfach nur still zu sein? Da zu sein, statt alles und jedem zu widersprechen? Manchmal muss man nichts sagen. Muss man keine Antwort haben. Manchmal kann man einfach nur sagen: Ich bin da. Erzähl es mir. Ich urteile nicht. Ich will dir helfen. Sag mir, wie.

Es wäre so einfach. Wir müssen nicht bewerten. Wir müssen nicht selbst erlebt haben, um helfen zu können. Es macht vielleicht die Dinge einfacher. Doch letztlich gibt es immer wieder nur eines, was wichtig ist im Leben: ein klein wenig Empathie mit anderen Menschen, ihrem Leben und Fühlen. Ein klein wenig mehr Zu- statt Abwendung.

Verharmlosung und
Opfer-Täter-Vermengung

»Sie sieht nicht aus wie ein Opfer.«

Im Januar 2018 zeigte der Fernsehsender arte Claude Lanzmanns Film »Vier Schwestern«. Die Frauen erzählen in den Interviews von ihrem Überleben in Auschwitz. Eine der Frauen zeigt kaum offensichtliche Emotionen. Wer weiß, wie oft sie ihre Geschichte schon erzählt hat, was ihr Weg war, damit umzugehen. Sie wirkt bewegt, geradezu kämpferisch, wenn sie von ihrem Land, Israel, erzählt. Das Land, das sie mit aufgebaut hat, in dem ihre Träume und Hoffnungen steckten. In dem ihre Kinder geboren wurden.

Eine nichtjüdische Frau kommentiert beim Treffen mit ihrer jüdischen Freundin dieses Interview: »Sie sieht nicht aus wie ein Opfer.«

Wie sieht ein Opfer aus? Muss ein Opfer immer am Boden liegen, sein Leben lang? Gibt es einen Verhaltenskodex für ehemalige KZ-Häftlinge? Wie kann man vermitteln, dass Menschen verschiedene Wege finden, mit ihren Traumata umzugehen? Manche scheinen stark, wie diese Frau im Film, manche schaffen es nicht und können nicht erzählen, können nicht leben. Wir haben keine Worte und keine Regeln, um zu verstehen, was diese Menschen durchmachten. Wir sehen nur die Hülle, das, was blieb, und werden nie eine wirkliche Vorstellung von ihrem Inneren haben können. Eines aber können wir: zuhören, ohne zu werten, ohne zu urteilen.

Heute, im Jahr 2018, in dem die Täter immer mehr zu Opfern gemacht werden, findet sich in den Zeitungen fast kein Bericht mehr über das Kriegsende, in dem die Bombardierungen deutscher Städte nicht als ungerechtfertigt und scheinbar grundlos dargestellt werden. Dass die Angriffe meist militärisch sinnlos waren, ist unbestritten, dass sie hauptsächlich Zivilisten trafen, ebenso, dass man aber das Grauen, das im Namen Deutschlands in den Jahren davor geschah, ausblendet und sich zudem über die »Plünderungen der Zwangsarbeiter« empört, die meist sich selbst überlassen auf Nahrungssuche waren, ist eine andere Frage. Dass man in einer Stadt wie Nordhausen in Thüringen die Erinnerung an die Bombardierung der Stadt am 3. und 4. April 1945 vom Grund für diese Bomben, nämlich die im August 1943 nach Nordhausen verlagerte Produktion der A4-Rakete (besser bekannt unter V2), entkoppelt und somit nur unvollständig wachhält, ist gegenwärtige Realität.

Über die ganze Gegend im Harz verteilt befanden sich am Ende 39 KZ-Außenlager, um die mehr als 60 000 Menschen unterzubringen, die hier Zwangsarbeit leisten mussten. Das KZ Mittelbau wurde vom Außenlager des KZ Buchenwald zu einem eigenständigen KZ. Bis heute weiß man nicht, wie viele der Häftlinge aufgrund der Lebensbedingungen dort im Südharz sterben mussten. Vorsichtige Schätzungen gehen von 20 000 Menschen aus. Ihrer wird zwar vonseiten der Stadt gedacht, doch nicht als Teil der eigenen Stadtgeschichte, sondern aus einer externen, unbeteiligten Perspektive – obwohl sich das zum KZ Mittelbau gehörende KZ-Außenlager Boelcke-Kaserne, bekannt als Sterbelager, mitten in der Stadt selbst befand. Im Gegenteil. Noch heute behauptet man, die bei der Befreiung durch die US-Armee vorgefundenen 1300 Todesopfer dieses Außenlagers seien durch die britischen Bombenangriffe verursacht. Dass Bewohner von Orten in der Nähe von NS-Lagern profitierten, ist auch hier hinreichend nachgewiesen. In Nordhausen kann niemand sagen, er habe von nichts gewusst.

Dass man in einem Atemzug der Opfer und der Wehrmachtssoldaten gedenkt, wie in Breitenfeld bei Gardelegen in Sachsen-Anhalt, wo ein Friedhof an die auf einem Todesmarsch im April 1945 im Ort umgekommenen 20 KZ-Häftlinge und gleichzeitig an drei Wehrmachtssoldaten erinnert. Die Häftlinge wurden ermordet, als die US-Armee nur noch wenige Kilometer vom Tatort entfernt war. Erst nach ausdauerndem bürgerschaftlichem Engagement konnten die 20 Einzelgräber der KZ-Häftlinge, die bereits existierten und eingeebnet worden waren, wiederhergestellt werden. Die Kennzeichnung der drei Gräber der Wehrmachtssoldaten und die erneute Errichtung einer Hinweistafel auf dem Gelände stehen allerdings noch aus und sind derzeit Grund für andauernde Diskussionen zwischen Bürgerinitiativen und dem Landesverwaltungsamt, das aus denkmalpflegerischen Gründen an einer einheitlichen Gestaltung aller 23 Gräber – und somit an einer Gleichsetzung von KZ-Häftlingen und Wehrmachtssoldaten – festhalten will.

Nur 70 Jahre nach Kriegsende werden Soldatenfriedhöfe mit Zwangsarbeiterfriedhöfen zusammengelegt, wie in Forst/Lausitz, wo die Grabreihen mit rund 200 Zwangsarbeiterinnen, Zwangsarbeitern und ihren Kindern entfernt wurden. Seit 2004 stehen auf dem Areal zwei Quader: »Deutsche Soldaten gefallen im 2. Weltkrieg 1939–1945« und »Zum Gedenken an die Opfer des Krieges 1939–1945 – hier ruhen Zwangsarbeiter aus mehreren Nationen«. Oder in Bohrau, wo der Grabstein des im Februar 1945 ermordeten Zwangsarbeiters Kazimierz Futt neben denen von deutschen Soldaten steht, die im Frühjahr 1945 fielen.

Mir wird per se unterstellt, dass ich kein Mitgefühl für die nichtjüdischen deutschen Familien empfinde. Doch das tue ich, als individuelle Schicksale, nicht aber generell. Teile meiner nichtjüdischen Familie mussten aus Ostpreußen fliehen, ich wuchs mit den Geschichten aus diesem Land und seinem Dialekt auf, Geschichten über getrennte und verschollene Familien, so wie ich mit den Geschichten über Leichenwagen als Verstecke und das Untertauchen in den Städten aufwuchs. Ich wuchs aber eben auch damit auf, dass der Verlust dieser ostpreußischen Heimat als gerechtfertigt gesehen wurde: »Wir hatten es nicht anders verdient.« Dass diese Einsicht die Sehnsucht nach dem Verlorenen nicht ausschließt, kann man auch in den Büchern von Marion Dönhoff wieder und wieder lesen. Es geht nicht um das Aufrechnen. Es geht darum, zu verstehen, dass das Gedenken an die Einzelschicksale immer individuell ist, es geht nicht um ein »So, jetzt können wir aber mal sagen, dass wir auch Opfer waren«. Deutschland war kein Opfer. Es war der Auslöser unsäglichen Grauens. Das Schweigen der Bevölkerungsmehrheit tat sein Übriges.

2018, als ich auf Twitter angegangen wurde, weil ich dort den Gedanken äußerte, lieber den 8. Mai, den Tag der Befreiung, der zumindest für die Verfolgten des Landes eine Befreiung war, als den Reformationstag als zusätzlichen Feiertag einzuführen. Dass man den 8. Mai nicht feiern dürfe, da es der Beginn des »Holocausts an den Deutschen« war, wurde mir von einem Twitterer geschrieben. Fast täglich lese ich unter dem Hashtag #NiemieckieZbrodnie (Deutsche Verbrechen), wie das Leid der Polen unter den Nationalsozialisten über das der Juden gestellt wird, wie es überhaupt aufgewogen wird. Unvergleichliches mit Unvergleichlichem vergleichen. Wohin soll das führen?

»Ihr Juden seid Bestien« –
Der Bruch von 2014

Ich spreche nicht nur für mich, wenn ich 2014 als weiteren großen Bruch für Juden in Deutschland festmache, als nächster Bruch nach 2002/2003 und dem Möllemann-Karsli-Skandal, nach Martin Walsers »Tod eines Kritikers« 2002, nach Grass' »Was gesagt werden muss« 2012 und den jährlichen Al-Quds*-Demonstrationen in Berlin seit 1996, in denen dem Aufruf des iranischen Revolutionsführers Ajatollah Chomeini gefolgt wird, der die Eroberung Jerusalems von den Muslimen fordert und der sagt: »Ich fordere alle Muslime der Welt und alle muslimischen Regierenden auf, den Usurpartoren (Israel) und ihren Unterstützern die Hände abzuhacken.« Weitere Führer fordern die »Zerschlagung und Vernichtung des zionistischen Staates«.

Ahmadinedschad leugnete im Zuge des Al-Quds-Tages 2000 den Holocaust und bezeichnete ihn als eine »Lüge, die als Vorwand für die Gründung Israels gedient habe«. Die Demonstration, die mit aller antisemitischer Symbolik die großen Straßen der Stadt offen beschreiten darf und im Vergleich beispielsweise zu der AfD-Demonstration im Mai 2018 kaum Widerspruch von seiten der Mehrheitsgesellschaft erfährt, hat inzwischen Tradition. Von der Polizei verbotene Parolen werden umgeändert. Israel töte Kinder in aller Welt, Israel sei das Krebsgeschwür der Menschheit, und natürlich habe Israel die Macht über die Banken und die Medien. Tauschte man über die Jahre die Worte Juden mit Israel und nun mit Zionismus, ändert es nichts an ihrem Charakter. Hisbollah- und Hamas-

---

* Al-Quds: arabisch für Jerusalem

fahnen werden ebenso geschwenkt, wie Israelfahnen verbrannt werden. Am Rande einer Al-Quds-Demonstration in Wien 2016 ruft eine Frau den Gegendemonstranten »Hitler hätte euch alle umbringen sollen« und »Danke an Hitler, dass er die Juden umgebracht hat« entgegen.

Diese Demonstrationen sind vielleicht auch einer der Wegbereiter gewesen, ein Aufwärmen, ein Enttabuisieren vermeintlicher Tabus. Was aber geschah 2014?

Mitte Juni 2014 wurden die Schüler Eyal Jofrach (19), Gilad Shaar (16) und Naftali Frenkel (16) in der Gegend um Hebron entführt. Sie wollten nach Hause trampen. Niemand bekannte sich zur Entführung. Die Hamas wurde, aufgrund dessen, dass sie mehrfach versucht hatte, Israelis zu entführen, dafür verantwortlich gemacht. Eine Großfahndung wurde eingeleitet. 350 Palästinenser, darunter auch Männer, die gegen Gilad Shalit – er wurde im Alter von 20 von der Hamas entführt und erst fünf Jahre später im Tausch gegen 1027 palästinensische Häftlinge freigelassen – protestierten, wurden festgenommen, fünf Menschen starben. Der Beschuss Israels aus dem Gazastreifen nahm zu. Anfang Juli beginnt Israel mit der »Operation Protective Edge«, um dem Beschuss Einhalt zu gebieten. Ende Juli findet man die toten Körper der drei jungen Männer auf einem Feld unter einem Steinhaufen. Sie waren bereits kurz nach ihrer Entführung erschossen und verscharrt worden. Mohamad Abu Khdeir (16) wird von israelischen Siedlern entführt und grausam ermordet. Sechs Täter werden festgenommen. Drei von ihnen gestehen den Mord aus Rache. Inzwischen kam es als Reaktion auf den Mord an Mohamad zu gewalttätigen Demonstrationen, in denen eine dritte Intifada gefordert wurde. Im August bestätigt die Hamas, verantwortlich für die Entführung und den Mord an Eyal, Gilad und Naftali zu sein. Die folgenden Unruhen, hauptsächlich in Jerusalem, fordern weitere elf Menschenleben.

In Berlin fühlen sich Menschen berufen, wegen der Ereignisse dort auf die Straße zu gehen. Sie fordern nicht Frieden, nicht das Ende der Gewalt. Sie demonstrieren nicht friedlich. Anders als bei den Al-Quds-Demonstrationen sind ihre Transparente gut lesbar, auch ohne Dolmetscher: »Ihr Juden seid Bestien«, »Der einzige Terrorist ist Israel«, »Kindermörder«, ihre Rufe laut und deutlich, noch lauter vor jüdischen Einrichtungen wie der Neuen Synagoge in Berlin: »Jude, Jude, feiges Schwein, komm heraus und kämpf allein«, »Juden ins Gas«. Und die Reaktion der Politik, der Medien: Schweigen. Keine Empathie. Kein Widerspruch. Die Staatsanwaltschaft sah hier keine Volksverhetzung, die Forschung aber schon, wie etwa am Zentrum für Antisemitismusforschung der TU Berlin. Nur weil etwas nicht justiziabel ist, heißt es nicht, dass es moralisch richtig ist.

Ich frage mich: Warum sieht man zu, dass nach dem Gas gerufen wird, in das wir gehen sollen? Warum sieht man zu, dass auf Transparenten »Angeblich früher verfolgt ...« steht?

Beim Lesen des Artikels über die Eskalation in Berlin kam mir kurz der Gedanke, was wäre, wenn das alles dort keine Linken, keine »Menschen mit Migrationshintergrund« wären, sondern schlicht sich öffentlich bekennende Nazis. Das Vokabular unterscheidet sich wenig. Doch es sind keine Nazis. Dafür würde sich die Weltpresse womöglich interessieren. Hier aber muss man nichts tun.

Und da hilft es auch wenig, wenn Petra Pau von der Linken in einem kurzen Tweet schreibt, dass das nicht rechtens sei. Ein Lippenbekenntnis zur Absicherung. Mehr nicht. Konsequenzen innerhalb der Partei? Warum auch? Eigentlich ist doch alles auf Linie. Auch wenn man sich nun bemüht, eine Differenzierung zwischen Israel und Juden gruppenübergreifend auf den Demonstrationen durchzusetzen, so ist es absurd. Denn das, was gesagt wird, ist nicht, was gemeint wird.

Endlich darf man wieder seinen Antisemitismus offen leben – solange man kein Parteibuch der NPD oder AfD hat.

Ich fühle mich nicht mehr sicher. Jetzt, da gewiss ist, dass die Sicherheitsvorkehrungen in den Synagogen und jüdischen Einrichtungen mehr denn je benötigt werden. Jetzt, da Menschen auf der Straße mitten in Europa angegriffen werden, nur weil sie als Juden erkennbar sind.

Es ist alles nicht mehr abstrakt für mich, sondern konkret, jeden Tag und jede Nacht trage ich eine Nervosität in mir, die ich von der Großmutter kannte und die ich immer abtat. Vielleicht hatte sie doch recht, nie geistig aus ihrem Versteck gekommen zu sein. Ihre Herkunft so tief in sich begraben zu haben.

Wir sind in eine Zeit gekommen, in der wir uns wieder verstecken müssen. Nicht örtlich, noch nicht. Aber als Mensch, als Person. Die Herkunft verleugnen, die Religion. Ich kann das nicht, sie ist ein Teil von mir.

Seit 2014 scheinen die Schleusen weit geöffnet, weit geöffnet für den Hass von allen Seiten. Ein Aufleben der mittelalterlichen jüdischen Ressentiments, vor allem aber der Hass gekleidet in sogenannte »Israelkritik«.

»Israelkritik« oder ein neues Etikett auf altem Hass

»Dann gib den Palästinensern doch ihr eigenes Land!«, »Was dein Präsident da mit den Palästinensern macht!«, »Was ihr dort mit den Menschen treibt!«, »Hört auf, dort die Menschen abzuschlachten!«, »Ihr Kindermörder«, »Hast du auch Netanyahu gewählt?«

Eine kleine Auswahl der Dinge, die ich immer mehr seit 2014 höre, oute ich mich als Jüdin. Frage ich nach, warum man mich als deutsche Staatsbürgerin fragt, die kein Wahlrecht in Israel hat, wird mir fast im gleichen Atemzug unterstellt, ich würde die Antisemitismuskeule schwingen. Tue ich das wirklich? Die Verknüpfung von Jüdinnen und Juden weltweit mit Israel, sie ist massiv geworden. Reagierte man vor 2014 noch eher mit Rechtfertigungsdrang, Unsicherheit und den Geschichten der Großeltern auf mich (ich hätte nie gedacht, dass ich mir das zurückwünsche), so kann ich heute fest darauf vertrauen, dass ich stante pede zu Israel befragt werde. Ich weiß keine adäquate Reaktion. Mich darauf zu beziehen, dass ich doch keine Israelin sei, überhaupt kein Wahlrecht habe, ändert weder etwas an der Reaktion des Gegenübers, das sein Urteil so oder so schon fällte, noch an dem Grundproblem. Im Nachdenken über dieses Phänomen sagte die Autorin Mirna Funk im Mai 2018 sinngemäß, es sei, als hätte man endlich ein Schlupfloch gefunden für das, was man sich nicht zu sagen traute. Man darf Juden schließlich nicht kritisieren, also nehmen wir den Umweg über Israel, und so kann nichts geschehen.

Das Schlupfloch des Hasses. Sie machen »die Juden« als gesamte Gruppe für etwas verantwortlich, was schiefläuft. Das ist einfach und kann eben mit diesem Schlupfloch mehr freisetzen, was vielleicht auch über Generationen weitergetragen wurde an Hass und an selbst auferlegten Tabus. Doch eines ist sicher, auch wenn das Wort »Israelkritik« in seiner Einmaligkeit seinen Weg in den Duden geschafft hat, es ist und bleibt antisemitisch, denn diese sogenannte Kritik richtet sich nicht an die Verursacher, sondern an Menschen, von denen man vermeintlich glaubt, sie trügen irgendeine Verantwortung. Seien es nun die heute vielleicht 200 000 deutschen Juden die etwa 460 000 französischen Juden oder auch die 80 Juden von Aruba. Wir werden in Verantwortung genommen für eine Politik, der wir befürwortend oder widersprechend begegnen, wie jeder andere Mensch es auch darf.

Schwinge ich nun also die Antisemitismuskeule? Nein, ich hinterfrage lediglich die obsessive Motivation, eine Gruppe von Menschen für die Entscheidungen einer Regierung verantwortlich zu machen, die sie größtenteils nicht gewählt haben. Wieso stellen die Leute sofort einen Zusammenhang zu Israel her, wenn sie auf Juden treffen? Schaut man sich die demografische Zusammensetzung der Juden in Deutschland an, so könnten sie wahrscheinlicher ein paar Fragen zu Putin stellen, zur Ukraine und zur deutschen Regierung. Die wiederholte Unfähigkeit der Differenzierung ist in meinen Augen sowohl den vermeintlichen Befreiungsschlägen der Antisemiten 2003 und 2014 geschuldet als auch der Wortwahl in den Medien, die immer wieder vom jüdischen Staat sprechen und damit die dortigen Muslime, Christen, Atheisten, Buddhisten etc. ausschließen und es gleichzeitig versäumen, über die innerisraelischen Diskussionen um das Thema »jüdischer Staat« zu berichten. Es ist in der Tat so, dass man auch als Jüdin für ein menschenwürdiges Leben für Palästinenser mit einem eigenen Staat sein kann und Israels Existenzrecht nicht infrage stellt. Es ist möglich.

Das Aufstehen gegen den Judenhass – organisiert von den Juden

Sowohl 2014 als auch 2018 sind die einzigen sichtbaren Demonstrationen gegen den Judenhass in Berlin vom Zentralrat oder von der Gemeinde selbst organisiert worden. Wie 2014 fragte ich mich auch 2018, warum es keine Spontandemonstrationen gab, warum Hass so offensichtlich so gesellschaftsfähig geworden ist.

Es sind einige Probleme, die ich mit der Kundgebung heute habe. Eines gibt Thorsten Schmitz in seinem Artikel »Deutschlands fürchterliches Schweigen« im September 2014 in der *Süddeutschen Zeitung* hervorragend wieder: »Warum muss so eine Kundgebung erst vom Zentralrat organisiert werden?« Für mich erscheint es viel mehr als ein dadurch oktroyierter Pflichttermin für so manchen, der weiß, wann man was sagen sollte und müsste … tief drinnen aber … nun, die Erfahrung hat wohl schon jeder, nicht nur an Stammtischen gemacht. Tief drinnen aber sieht es anders aus. Das selbst auferlegte Verbot, Dinge zu sagen, und dafür Dinge zu sagen, die nur Lippenbekenntnisse sind, ist die Crux, unter der wir leiden. Auf diesen Promikundgebungen finden wir keine Wahrheit über Judenhass in Deutschland. Die finden wir mitten in der Gesellschaft. Diese Wahrheit ist erschreckend und wird es mit jedem Jahr mehr, sie ist nicht überraschend trotz allem. Resignation setzt ein.

Doch es gibt Funken, Lichter, die im Grauen erscheinen. Diese Funken und Lichter werden heute nicht wohlbeschützt auf der Bühne am Brandenburger Tor stehen. Sie erscheinen klein, werden nicht gesehen und sind doch die wichtigsten Menschen, die es in Europa gibt, wenn es gilt, den Hass zu bekämpfen. Und ich spreche vom Hass allgemein. Nicht nur den auf Juden, auch den auf die Flüchtlinge, die hofften, hier ein neues Leben beginnen zu dürfen, den noch immer schwelenden Hass auf Homosexuelle, auf Sinti, Roma. Es scheint, als brauche der Mensch etwas zum Hassen.

Ja, man wird gesehen werden, heute auf der Demonstration, und man wird sich sagen, dass man da war, und man wird sich fühlen als guter Mensch, und man wird Dankbarkeit erwarten. Es bleibt ein schaler Beigeschmack, solange solche Kundgebungen von den Opfern organisiert werden müssen und die Realität, das Leben, das Gegenteil beweist.

Nie wieder Hass, auf irgendwen. Stellt euch schützend vor Opfer im wirklichen Leben. Einigen wir uns doch einfach darauf.

Oft bekomme ich Mut machende Zuschriften. Ich bin dankbar dafür. Die kleinen Zeichen. Immer mehr aber bekomme ich Briefe, die wie eine Entschuldigung für Tatenlosigkeit klingen. Immer mehr höre ich: »Ja, aber ich habe doch Angst, wenn ich irgendwo eingreifen soll.« Angst. Angst haben die angegriffenen Menschen vielleicht viel mehr, doch sie hatten keine Wahl. Sie können nicht einfach weggehen, sich wegdrehen, wegsehen. Es gehört verdammt wenig dazu, Zivilcourage zu beweisen. Man muss nicht die einzige Frau im Café sein, die einschreitet, man kann aber immer die Polizei rufen, und man soll nie davon ausgehen, dass das schon jemand anders tut. Lieber viele Menschen rufen den Notruf als keiner. Eine kleine Lektion, die man auch in Ersthelferschulungen lernt. Man geht am Telefon keine Gefahr ein, aber rettet womöglich Leben.

Und das nächste Mal, wenn wieder ein Mann geschlagen wird, weil er Kippa trägt, oder wenn eine Frau wegen ihres Davidsterns bespuckt wird, warten Sie nicht erst, bis eine offizielle Demonstration ausgerufen wurde. Äußern Sie Ihr Unverständnis öffentlich. Sprechen Sie darüber, im Büro, zu Hause, in der Kneipe. Machen Sie klar, dass es so etwas nicht geben darf.

Über die Dinge zu sprechen lässt sie nicht verschwinden, doch nimmt vielleicht die Angst, wenn man merkt, man ist eben doch nicht allein. Glauben Sie mir. Ich weiß, wovon ich spreche. Das Schweigen aber, das »Das geht mich doch nichts an« ist der Nährboden, auf dem alles so prächtig ungehindert gedeiht.

Und wenn du nicht mehr weiterweißt … –
der Weg zum Antisemitismusbeauftragten des Bundes

Im Bundestag wird im Sommer 2008 ein Papier »Zu ausge-
wählten Aspekten der Entwicklung und der Bekämpfung des
Antisemitismus« vorgelegt. Zehn Jahre später wird ein Anti-
semitismusbeauftragter der Bundesregierung berufen. Der
Weg dorthin folgt eingeübten Mustern, und ich staune, wie
sich meine Gedanken wiederholen. 2008: »Und wenn du nicht
mehr weiterweißt … bildest du 'nen Arbeitskreis. So jedenfalls
sieht es mir gerade im Bundestag aus. Was bitte hilft es, wenn
die Abgeordneten da irgendwas gegen Antisemitismus verabschieden? Nur, solange es Ressentiments in den eigenen
Reihen gibt, bringt der ganze Spaß nichts. Ach ja, da war ja
noch was. Der 9.11. kommt und damit der 70. Jahrestag der
Pogromnacht. Na, nun haben wir ja wieder was gesagt und
können unser Gewissen beruhigen.«

Schaut man sich heute das Papier von damals an, so findet
man vieles, was auch zehn Jahre später wieder wenig anders
zitiert wird:

»Der Antisemitismus ist und bleibt eines der zentralen
ideologischen Bindeglieder zwischen den diversen Strömun-
gen des Rechtsextremismus. Verbreitet wird er überwiegend
in Form von Andeutungen, sozusagen indirekt. Offen antisemitische Äußerungen oder Aktionen hingegen finden sich,
wohl aus der Angst vor Strafverfolgungs- und Indizierungs-
maßnahmen, dagegen seltener. Möglicherweise spielt bei einem solch klandestinen Antisemitismus auch eine Rolle, dass
verdeckt antisemitische Äußerungen bisweilen wirksamer
sein könnten als offen antisemitische, die dann argumentativ
vertreten werden müssten. Oft jedenfalls wird mittels einer
indirekten Propaganda versucht, die Gesamtheit ›der Juden‹
zu diffamieren und ihnen pauschal negative Attribute zuzu-

schreiben. Dabei setzen Rechtsextremisten auf ein antisemitisches Einstellungspotenzial in der Bevölkerung und versuchen auf diesem Wege, ihren Einfluss zu erweitern.«

Vor und nach 2008 wurde Papier produziert. Sehr viel Papier. Der nächste Antisemitismusbericht 2012, erarbeitet von einer eingesetzten Kommission ohne jüdische Beteiligung, wurde vom Bundestag zur Kenntnis genommen. Die Empfehlungen werden ignoriert. Ähnlich ergeht es auch dem Bericht 2017 der Kommission, die nun nach Protesten fünf Monate nach der Neukonstituierung 2015 auch zwei jüdische Mitglieder hat, bis auf eine Kleinigkeit: Man beruft jetzt einen Antisemitismusbeauftragten. Noch mehr Papier wird produziert werden. Die eigentliche Arbeit allerdings, der Kampf gegen Antisemitismus, die Aufklärung, Beratung, Betreuung der Opfer, wird keinesfalls sichergestellt. Sie wird von zivilgesellschaftlichen Einrichtungen getragen. Projektarbeit, deren Finanzierung und Kontinuität alles andere als sicher ist. Es wäre schön, wenn diese Initiativen mehr Ressourcen in die nötige Arbeit als in Projektanträge stecken könnten. Der Eindruck, dass man immer noch vermutet, dass der Kampf gegen Antisemitismus, Antiziganismus, Rassismus etc. keine permanente Aufgabe sei, verfestigt sich mehr und mehr. Doch sie ist es. Es ändert sich nicht allein dadurch, dass Jahr um Jahr dazu aufgerufen wird, dass sich Dinge ändern müssen, wenn sie nicht geändert werden. Antirassismusarbeit kann nicht von Projekt zu Projekt stattfinden. Sie muss verstetigt werden.

Der Antisemitismus der anderen oder einfach mal schön ablenken

Spätestens seit vermehrt Flüchtlinge nach Deutschland kommen müssen, mit Sicherheit aber ebenso seit den Demonstrationen 2014 hat die Öffentlichkeit den Antisemitismus »der anderen«, auch genannt »importierter Antisemitismus«, für sich entdeckt. Henry M. Broder hat diesen Begriff geprägt, indem er Folgendes gesagt hat:

> *»Der Judenhass, der sich derzeit entlädt, ist ein importierter, ein Judenhass mit Migrationshintergrund.«*

Ja, es gibt ihn, diesen Antisemitismus von Geflüchteten. Es gibt ihn in der deutsch-türkischen und in der deutsch-arabischen Community. So, wie es Islamhasser in der jüdischen Community gibt.

Doch ist das tatsächlich unser größtes Problem? Es macht letztlich in der Auswirkung für einen angegriffenen Menschen wenig Unterschied, aus welchem kulturellen Hintergrund er angegriffen wird. Die Illusion, zu glauben, Antisemitismus käme inzwischen nur noch aus der muslimischen Community, sie ist nicht nur ein Trugschluss, sie ist auch eine Verschleierung der Tatsachen, die schön und bequem alles abstreifen lässt. Mit der Kritik daran kann ich von mir und meiner Umgebung ablenken. Als gutbürgerliche Deutsche will ich zwar »nicht an Juden vermieten«, aber das ist ja »etwas anderes«.

Verschiedene Zeitungsberichte und eine gesonderte Statistik des Bundeskriminalamts zu judenfeindlichen Übergriffen sagen etwas anderes. Die Amadeu Antonio Stiftung nimmt 2002 die Medienbeobachtung auf und sammelt die Vorfälle online, ab 2015 macht RIAS einzelne antisemitische Vorfälle in den sozialen Medien öffentlich.

Die Illusion, dass irgendeine politische Richtung frei von Antisemiten sei, ist so schön wie falsch. In den bisherigen Auswertungen des RIAS der antisemitischen Vorkommnisse in Berlin für 2016 und 2017 sind deutlich andere Zahlen als in den offiziellen Statistiken zu erkennen. Ähnliche Stellen zu schaffen, wurde etwa in Hamburg abgelehnt. Aus meiner jüdischen Perspektive bin ich dankbar, dass es RIAS gibt. Die Meldung eines Vorfalls muss keine strafrechtliche Relevanz haben. So werden auch als verletzend empfundene Bemerkungen aufgenommen. Anders als bei der Polizei.

Zurück zum sogenannten anderen Antisemitismus. Er ist kein neues Phänomen. Er wird lediglich als weiteres Argument herbeigeredet, Menschen auf der Flucht nicht mehr zu helfen. Juden werden dafür als Grund vorgeschoben. Doch was ist, wenn es keine Flüchtenden mehr gibt? Sind die Antisemiten dann verschwunden? Seit Bestehen der Bundesrepublik wurde auch durch Ignoranz, durch Wegsehen und Wegreden ein Boden geschaffen, auf dem all das gedeihen kann. Es ist lang genug möglich gewesen, antisemitische Parolen straffrei zu grölen, gern auch mit der Begründung, dass man das ja verstehen müsse, weil das, was die Juden da mit den Palästinsern …

Schaue ich mir die Vorfälle an, die von Geflüchteten bekannt wurden, so weiß ich, dass ihnen, im Gegensatz zu den Menschen in Deutschland, ihr Leben lang eingetrichtert wurde, dass alle Juden schlecht und böse sind. Das ist nichts Neues. Keine Überraschung. Überrascht aber sind die Helfenden in den Heimen, die hier vielleicht das erste Mal selbst mit

Antisemitismus konfrontiert werden. Die es das erste Mal hören. Überrascht auch, weil man ausschließlich vom Guten ausging? Man darf Antisemitismus, egal, woher er kommt, nicht entschuldigen. Wir müssen entschieden dagegen vorgehen. Doch eines sollte bedacht werden: Diese Menschen wissen es meist nicht anders. Durch eine Abschiebung in Auffanglager, in tatenloses Leben ohne erkennbaren Sinn werden diese Menschen allerdings sicher nicht lernen, unser Land mit seinen Menschen zu schätzen und zu sehen, dass das, was sie über Juden lernten, falsch war. Die Menschen aber, die hier geboren sind, hier lange leben, sollten es besser wissen. Es wiegt schwerer, wenn sie weiter ignorieren, übergehen und rechtfertigen. Es kann keine Gründe geben, Menschen hier anzugreifen, weder verbal noch physisch, egal, aus welchen Gründen auch immer.

Als im Sommer 2014 auf Berlins Straßen vor der Neuen Synagoge und Gemeindehäusern von Demonstranten »Jude, Jude, feiges Schwein, komm heraus und kämpf allein« gerufen wurde. Als Stereotype vom »Kindermörder Israel« und der Davidstern als »Stern des Teufels« ausgemacht wurden, als mittelalterliche Stereotype wie Ritualmorde und Brunnenvergiftungen aus den verschlossen geglaubten Schubladen geholt wurden, als Deutschland begann, den »importierten Antisemitismus«, der sich auf den Straßen Deutschlands und Europas gewalttätig zeigte, für sich zu entdecken, nur um den eigenen tief sitzenden Judenhass zu übertünchen, der niemals ganz von der Bildfläche verschwunden war, schon da reagierte zunächst niemand. Der Begriff aber wurde dankbar aufgenommen.

Diese Demonstrationen, der offene Hass auf unseren Straßen, dem sich niemand entgegenstellte, war wohl der Moment, in dem noch mehr zerbrach in mir und ich das Gefühl hatte, es könnte nicht mehr heilen: das Urvertrauen in meine Heimat. Das Vertrauen darauf, dass wir alle gleich sind. Das Vertrauen darauf, dass die Würde des Menschen unantastbar ist, dass niemand wegen seines Geschlechtes, seiner Abstammung, seiner Rasse, seiner Sprache, seiner Heimat und Herkunft, seines Glaubens, seiner religiösen oder politischen Anschauungen benachteiligt oder bevorzugt wird. Das Vertrauen darauf, dass ich hier leben will. Seitdem plane ich nicht mehr lang. Ich mache keine großen Anschaffungen mehr. Ich will möglichst mobil sein. Die gepackten Koffer, von denen die Überlebenden immer sprachen, auch ich habe sie nun – nicht wegen dem, was hinter mir liegt, sondern wegen dem, was möglicherweise vor mir, vor uns liegt.

Gedenken gedenken

Deutschland ist Weltmeister im Gedenken. Wie alles, was man in Deutschland tut, tut man es gründlich. Darunter geht es nicht. Erst ermordet man gründlich die, die einigen nicht genehm sind, dann erinnert man sich dieser mit mindestens ebenso großer Gründlichkeit – oder tut eben einfach das, was irgendwo erwartet wird. Zumindest aber, und das muss hervorgehoben werden, muss hier nicht diskutiert werden, ob es die Schoah gab, welche Rangordnung Hitler in der Folge der Männer der Geschichte einzunehmen hat. Es besteht ein allgemeiner Konsens in weiten Teilen der Gesellschaft.

Dennoch scheint es mehr und mehr, dass viele unter das, was einst hart erkämpft wurde, einen Schlussstrich ziehen wollen. Es erscheint wie eine leere, bedeutungslose Ritualisierung.

Was hilft es uns, wenn medienwirksam Kränze an Gedenkorten niedergelegt werden und am Abend über Geflüchtete gehetzt wird? Wenn man Erinnerungstafeln anbringt, Stolpersteine verlegt und gleichzeitig aus Mäuerchen um jüdische Friedhöfe Mauern macht? Ist es das, was mit der Gedenkkultur erreicht werden sollte? Ist das das Lernen aus der Geschichte?

So hat der Leiter der Gedenkstätte Feldscheune Isenschnibbe Gardelegen, Andreas Froese, mit seinem Dienstantritt 2015 eingeführt, dass auch Vertreterinnen und Vertreter der Religionen der Menschen, die hier den Tod fanden, eingeladen werden. Für die zur Gedenkveranstaltung kommenden Angehörigen der Opfer ist es, wie sich herausstellte, wichtig, einige kommen überhaupt erst seitdem wieder zum Gedenktag nach Gardelegen.

Das Massaker von Gardelegen wurde in der Nacht vom 13. zum 14. April 1945 begangen. 1016 Menschen wurden auf Todesmärschen aus verschiedenen KZs dorthingetrieben, in die Isenschnibber Feldscheune gesperrt, diese angezündet. Nur wenige Stunden später, am 14. April 1945, erreichte die US-Armee die Stadt Gardelegen und entdeckte am darauffolgenden Tag den Tatort. Noch wenige Stunden zuvor hatten die Tatbeteiligten unter Mitwirkung der städtischen Feuerwehr und der kommunalen technischen Nothilfe versucht, die Spuren des Massakers zu verwischen und die Opfer anonym in einem Graben zu verscharren. Die Alliierten verpflichteten die Gardelegener Bürger, die Ermordeten zu exhumieren und sie in Einzelgräbern beizusetzen. Diejenigen, deren Häftlingsnummer noch erkennbar war, bekamen später ihren Namen, ihre menschliche Identität zurück. Auf dem Friedhof sind heute 1023 Menschen begraben, 307 sind bis heute namentlich bekannt, darunter 63 Juden.

2018 fällt der 13. April, an dem schon in der DDR die Gedenktage zum Massaker von Gardelegen stattfanden, auf einen Freitag. Froese ist es wichtig, dass sowohl die weltlichen wie auch alle religiösen Vertretenden an der Gedenkveranstaltung teilnehmen können. Ein Freitagnachmittag wäre für den jüdischen Teil nicht möglich, der Schabbat beginnt am Freitagabend. Nach Absprache mit allen Beteiligten wird der Gedenktag daher in diesem Jahr auf Sonntag, den 15. April, verlegt. Mit Blick auf die historischen Ereignisse keine Verschiebung, da das Verbrechen von seinem Beginn am 13. April 1945 bis zur Entdeckung des Tatorts durch die US-Soldaten am 15. April 1945 drei Tage andauerte. Dennoch titelt die *Volksstimme* zunächst: »Gedenkveranstaltung wegen Sabbat um zwei Tage verschoben« und ändert den Titel später auf ein einfaches »Gedenkveranstaltung wird verschoben«. Die Gardelegener Linke protestierte schon im Vorfeld. Zwar beteiligt sie sich an der öffentlichen Gedenkveranstaltung am 15. April, hält aber dennoch eine eigene Veranstaltung am 13. April ab, »weil man es schon immer so tat«.

Wie sehr geht es tatsächlich noch um das Gedenken an jene, die hier ihren Tod fanden, als um die eigenen politischen Befindlichkeiten? »Wir haben es schon immer so gemacht.« Das ist in diesem Fall historisch falsch.

Ist es nicht so, dass alle das Gleiche wollen: die Erinnerung an das Grauen, das dort geschah, nicht sterben zu lassen?

Wir leben in einem Land, in dem wir die Erinnerungszeichen sehen, täglich. Die Zeichen, wozu Hass führen kann, und wir hassen wieder oder immer noch? Wozu brauchen wir Denkmale, wenn die Orte der lebenden Juden bewacht werden müssen? Wozu Mahnmale, wenn jüdische Sommercamps, Wochenendausflüge von Jugendorganisationen stets von Polizei begleitet werden müssen, wozu Mahnmale, wenn Teilnehmer von Antidiskriminierungssymposien einzeln von Sicherheitspersonal zu den Workshopräumen begleitet werden?

Wir haben in Deutschland über Jahrzehnte versucht, mit historischen Orten, mit biografischer Arbeit, mit Jugendprojekten, mit Workcamps Geschichte zu vermitteln. Was uns allerdings zu wenig und immer weniger gelingt, ist, die Frage zu provozieren: Was hat das mit mir zu tun? Oft genug wird noch immer zu wenig Vertrauen in das eigene Empfinden und Denken der Jugendlichen gelegt. Wenn sich jedoch in der Klasse jemand antisemitisch äußert, meint man, es reiche, eine Gedenkstätte zu besuchen, um das Bild zurechtzurücken. Gedenkstättenbesuch als »Strafe« für falsche Äußerungen, wenn überhaupt. Das ist mehr als ein Trugschluss. Es muss mehr gelingen, die Gedenkstätten in ihrer Bedeutung für die

Gegenwart zu zeigen. Die Bildungsangebote müssen Themen nicht nur der Vergangenheit, sondern auch der Gegenwart behandeln.

Da Rassismus wieder stärker wird, müssen wir auch darauf achten, seine Zeichen früh zu erkennen. Wir müssen darauf achten, wie wir miteinander umgehen, wen wir auf den Wegen mitnehmen, wen wir vergessen. Wo, wenn nicht in NS-Gedenkorten, sollten diese Themen außerschulisch bearbeitet werden? Wo kann man besser zeigen, wohin Hass führen kann? Dies ist zugleich eine Aufgabe für alle öffentlichen Einrichtungen. Wir können uns nicht mehr hinter Stiftungs- und Vereinssatzungen verstecken. Gedenkarbeit ist keine Museumsarbeit, die sich auf die Präsentation von Vergangenem konzentriert. Sie muss für die Gegenwart befähigen. Museen und Gedenkstätten müssen politisch sein, sie müssen sich klar positionieren, und sie dürfen keine Angst haben müssen, politisch anzuecken und die Förderungen zu riskieren. Das Schweigen der letzten Jahre zum wachsenden Rassismus macht sie unglaubwürdig.

Es geht nicht darum, dass man nicht antisemitisch sein darf, weil die Nationalsozialisten so viele Menschenleben, so viele Familien, so viel Glück auslöschten, auch Gesetze gegen antisemitische und holocaustleugnerische Äußerungen sind kein Grund, nicht antisemitisch zu sein. Es geht einzig und allein darum, nicht gruppenspezifisch zu hassen, weil es jeglicher Grundlage entbehrt. Weil dieser Hass nichts in einer aufgeklärten demokratischen Gesellschaft mit moralisch-ethischen Ansprüchen zu suchen hat. Weil Hass, egal, auf wen, hier nichts zu suchen hat. Weil es schlicht dazugehört, ein guter Mensch zu sein.

Sprechen Sie bitte mit Ihren Schülern nicht in der Vergangenheit, geht es um Juden in Deutschland. Auch lebende

Juden haben einen Wert und sollten gesehen und gehört werden, nicht nur die toten. Versuchen Sie, nicht zu sagen: »Du darfst das nicht sagen, weil es verboten ist, weil wir damals so viele Menschen ermordeten.« Juden, Sinti, Roma, PoCs, Homosexuelle, Behinderte leben in diesem Land, ihrer Heimat, sie werden heute mit steigender Tendenz diskriminiert.

Gehen oder bleiben?

In den letzten Jahren, seit die Legitimierung des »Das wird man doch noch sagen dürfen« zur gängigen, vor allem aber zur geglaubten Floskel geworden ist, werden sportlich Tabus gebrochen. Hetze wird in den Medien als Diskurs verkauft, Worte wie »Volksgemeinschaft« sind wieder normal geworden, und rechte Demonstranten geben dem friedlichen 1989er-Slogan »Wir sind das Volk« eine hässliche Fratze des Hasses.

Und die Mehrheit? Sie schweigt. Es herrscht ein ohrenbetäubendes Schweigen derer, die widersprechen könnten, die alldem Einhalt gebieten könnten, der »normalen Bürger«, die nicht die Zielobjekte der Diskriminierungen sind. Es bleibt, wie so oft, bei den Bedrohten, bei den Opfern selbst, sich zu wehren, laut zu werden und zum aktiven Widerspruch aufzufordern.

Als ich 2016 davon sprach, dass ich einen Gutteil des Problems der Verrohung der Gesellschaft auch in den Talkshow-Podien sehe, die die Medien, allen voran das öffentlich-rechtliche Fernsehen, bereitstellen, wurde mir vehement widersprochen. Inzwischen sieht man es wohl etwas anders. Olaf Zimmermann vom Deutschen Kulturrat stellte im Juni 2018 fest: »Mehr als 100 Talkshows im Ersten und im ZDF haben uns seit 2015 über die Themen Flüchtlinge und Islam informiert und dabei geholfen, die AfD bundestagsfähig zu machen. Die Spaltung der Gesellschaft hat seit 2015 deutlich zugenommen. (…) Ich finde, die Talkshows im Ersten und im ZDF sollten sich eine einjährige Auszeit nehmen und ihre Konzeptionen überarbeiten. Vielleicht wird die talkshowfreie Zeit der Integration in unserem Land nützlich sein?«

»Die Schonzeit ist vorbei«, höre ich es immer öfter raunen. Welche Schonzeit, frage ich mich. Die Schonzeit, dass der Antisemitismus, der nach 1945 in Amtszimmern, in Wohnzimmern und an Stammtischen ununterbrochen weiterblühte, nun wieder offen zutage treten kann? Dass man den Hass auf Juden als »Israelkritik« legitimiert offen auf die Straßen tragen kann? Dass genug Gedenkorte errichtet wurden und man sich nun als Jude, Roma, Sinti, Homosexueller damit zu begnügen habe?

An den fortdauernden, nun lauter und öffentlicher gewordenen Diskriminierungen wird oft den Opfern selbst die Schuld gegeben, da sie die Täter provoziert hätten. Verständnis bei rassistischen Übergriffen findet man eher gegenüber den »ach so unerfahrenen« Tätern als gegenüber den Opfern, die man weniger versteht.

Wenn die Schonzeit also vorbei ist, ist es an der Zeit, nicht mehr brav und freundlich zu warten und zu hoffen, dass Diskriminierungen ausbleiben werden, und niemandem auf den Schlips zu treten, niemanden zu nerven.

Oft werde ich darauf angesprochen, dass es ja hierzulande mit dem Antisemitismus nicht so schlimm sei wie in Frankreich, wo viele Juden das Land verlassen. Zum einen leben hier aber bei Weitem nicht so viele Juden wie in Frankreich, zum anderen: Wer äußert sich schon dezidiert in der Öffentlichkeit, wenn er aufgrund des Antisemitismus sein Land verlässt?

Fakt ist aber: Das Sprechen über das Weggehen ist normal geworden. Wir fragen uns gegenseitig, wohin der oder die andere gehen würde. Wir tauschen uns über Visabestimmungen und Arbeitsmöglichkeiten in anderen Ländern aus. Dinge, die vor fünf Jahren für mich undenkbar waren. Es ist heute ein ganz normaler Bestandteil meiner Identität, dass ich nicht mehr lange im Voraus plane.

Denn heute wissen wir, im Gegensatz zu den Juden vor und nach 1933, dass es manchmal zu spät sein kann, ein Land zu verlassen. Wir haben leider auch die Erfahrung, dass das Vertrauen auf die Demokratie und Zivilisation trügerisch sein kann. Die Mantren von »Wehret den Anfängen« und »Deutschland hat aus seiner Geschichte gelernt« entpuppen sich immer mehr als leere Worthülsen.

Das Bild des Juden mit gepacktem Koffer ist auch in Deutschland wieder aktuell geworden. Manche Menschen, die erst in den 1990er-Jahren nach Deutschland gekommen sind, denken bereits wieder ans Einpacken.

Ich weiß, ich kann schnell gehen. Ich besitze nicht viel. Bin so mobil wie möglich. Das klingt so leicht. Ich bin in Berlin geboren, es ist mein Zuhause. Ich bin Europäerin durch und durch. Ich genieße es, durch Deutschland zu reisen, über ehemals geschlossene Grenzen in andere Länder.

Man lässt sein Leben nicht ohne Weiteres zurück, ohne zu wissen, ob man ein neues wird finden können. Ich will kein Flüchtling werden. Keinem Menschen wünsche ich dieses Schicksal. Ich kam aus den USA nach Deutschland zurück, weil ich hier leben wollte. Heute bin ich mir nicht mehr so sicher.

Informieren und Aktivwerden

Antisemitismus gab und gibt es weiterhin in Deutschland. Wir dürfen uns keine Illusionen machen. Allerdings sollten wir uns genauso wenig der Illusion hingeben, es sei nur eine Phase, die bald vorübergeht. Ich bin nach all den Jahren immer pessimistischer geworden. Ich glaube nicht mehr daran, dass jüdische Einrichtungen in Deutschland ohne Schutz auskommen werden. Ein ganz normales jüdisches Leben wird vielleicht noch für Generationen nicht möglich sein. Doch es gibt genügend Initiativen, die aktiv sind. Die helfen, beraten, schulen. Einige seien hier erwähnt:

Kompetenzzentrum Prävention und Empowerment
der ZWST e.V.
  https://zwst-kompetenzzentrum.de

Recherche- und Informationsstelle
Antisemitismus Berlin (RIAS)
  https://report-antisemitism.de

Rent a Jew
  http://rentajew.org

Amadeu Antonio Stiftung
  www.amadeu-antonio-stiftung.de

Antidiskriminierung in der Arbeitswelt
  www.ada-bremen.de

Kreuzberger Initiative gegen Antisemitismus
http://kiga-berlin.org

Jüdisches Forum für Demokratie und
gegen Antisemitismus e.V.
https://jfda.de

Mobile Beratung gegen Rechtsextremismus
www.bundesverband-mobile-beratung.de

Pädagogik zwischen Islam, Islamfeindlichkeit
und Islamismus
www.ufuq.de

Danke

Während ich dieses Buch schrieb, überstürzten sich die Ereignisse in meinem Leben. Ich möchte den Menschen danken, die mir ihre Geschichten anvertraut haben und über die ich schreiben durfte: Daniel, David, Rebecka, Chajm, Eva, Birgitta, Stefan, Romina, Till, Marina, Uli, Jelliah, Hanna, Thomas, Andreas, Brigitte und Safiyye.

Ich danke den Ungenannten für ihre Unterstützung und ihren Widerspruch gegen den Hass. En Jan, stop nooit met vragen, je weet waarom.

Danken möchte ich auch Stefan Ulrich Meyer von der Verlagsgruppe Droemer Knaur für die Chance, dieses Buch zu schreiben, und für die bereichernden Gespräche auf dem Weg dorthin. Nadine Lipp, meiner Lektorin, für ihre Arbeit, fürs beharrliche Nachfragen und fürs Beantworten meiner ungestellten Fragen.

Einen besonderen Dank an die, die mir am nächsten sind: Ralf, der einfach alles dafür getan hat, damit ich schreiben konnte und wollte. Wir beide wissen, was das für dich hieß. Danke!

Und meiner Mutter, die mich zu dem Menschen gemacht hat, der ich heute bin.